Martina Schramm
Materialien & Kopiervorlagen zu

Werner Färber

Jetzt entscheidest du!

Den Zirkusdieben auf der Spur

Hase und Igel®

Inhalt

© 2009 Hase und Igel Verlag, Garching b. München
www.hase-und-igel.de
Lektorat: Elena Andrae, Patrik Eis
Layout: Claudia Trinks
Illustrationen: Tine Hohenberger
Druck: Kösel GmbH & Co. KG, Altusried-Krugzell

ISBN 978-3-86760-392-8

Das Buch

Dieses ganz besondere Buch wird selbst die Lesemuffel Ihrer 3. oder 4. Klasse begeistern: Das lesende Kind, das vom Erzähler direkt angesprochen wird, ist hier in eine spannende Abenteuergeschichte eingebunden und entscheidet immer wieder neu, wie es weitergehen soll. Ist die Neugier der Kinder erst einmal geweckt, werden sie den vielfältigen Verzweigungen des Buches nachspüren und immer neue spannende Wendungen entdecken. Reizvoll ist es auch, dass sich die Schüler über ihre unterschiedlichen Leseerfahrungen in vielfältiger Weise austauschen können.

Fakire, Akrobaten, Zauberer und Clowns – in der Zirkusprojektwoche an deiner Schule ist eine Menge geboten! In Gruppen bereiten sich alle Kinder auf die große Abschlussvorführung vor – und du darfst bei den Radiopiraten mitmachen. Für eine Radiosendung führst du eine Woche lang Interviews und schnupperst selbst Zirkusluft. Leider darfst du nicht wie deine Mitschüler im Zirkuszelt übernachten, weil du eben erst von einer Krankheit genesen bist. Deshalb schleichst du dich nachts heimlich aus dem Haus, wirst jedoch erwischt und bekommst Hausarrest. Als auf einer nächtlichen Tonbandaufnahme plötzlich geheimnisvolle Flüsterstimmen zu hören sind, die in der Schule einen Einbruch planen, musst du dich entscheiden: Erzählst du den anderen davon oder behältst du dein Wissen erst einmal für dich? Mithilfe der Zirkusleute gelingt es euch schließlich in einer spektakulären Nacht-und-Nebel-Aktion, die Einbrecher zu stellen.

Was aber passiert, wenn du dich niemandem anvertraust? Oder wenn du dich gleich am Anfang für die Clownsgruppe entscheidest? Oder …?

Die Kapitel dieses Buches schließen meist mit zwei Entscheidungsmöglichkeiten ab. Je nachdem, welche Wahl der Leser hier jeweils trifft, kann am Ende ein großes Zirkusfinale, die Aufführung eines lustigen Sketchs in der Manege oder wegen erneuter Krankheit sogar das vorzeitige Aus für die Teilnahme am Projekt stehen.

Eine wahre Fundgrube grenzenloser Lesefreude wartet auf Sie und Ihre Klasse!

Das Material

Das Unterrichtsmaterial gliedert sich in einen Lehrerteil mit Gesprächs- und Schreibanlässen, Unterrichtsideen und Anmerkungen zu den Kopiervorlagen und in einen Teil mit Kopiervorlagen für die Schüler (Seite 17–48).

Die Kopiervorlagen unterstützen die Kinder dabei, die Struktur des Buches zu entdecken und einzelnen Erzählsträngen auf die Spur zu kommen. Die Schüler werden auf unterschiedliche Weise motiviert, sich als „Textdetektive" zu betätigen. Dabei wird entweder auf eine bestimmte, überschaubare Stelle des Buches Bezug genommen oder es ist für die Bearbeitung der Seite nicht erheblich, welchem Erzählstrang genau die Kinder gefolgt sind. Die Offenheit der Leserichtung bleibt also auch mit der Bearbeitung der Kopiervorlagen gewahrt.

Auf einigen Seiten werden Sachaspekte aufgegriffen und vertieft. So findet sich auf Seite 21 zum Beispiel ein Sachtext „Zur Geschichte des Zirkus" und auf Seite 23 ein Text zum Thema „Radio – wie funktioniert das?" Fachbegriffe rund ums Radio können spielerisch mit einem Memory gefestigt werden. Noch deutlicher handlungsorientiert ausgerichtet sind beispielsweise die „Kurzen Szenen für Clowns", die von den Kindern leicht umgesetzt werden können, oder eine Anregung zum „Geräuscheraten im Klassenzimmer".

„Jetzt entscheidest du!" bietet außerdem ein großes Potenzial zur Differenzierung – sowohl im Bereich „Lesen" als auch im Bereich „Texte verfassen", wenn die Kinder etwa dazu angeregt werden, selbst eine Verzweigungsgeschichte zu entwickeln.

Eine Möglichkeit zur intensiven Auseinandersetzung mit der Lektüre bietet das Lesetagebuch, das die Kinder beim Lesen begleitet. Es wird als Kopiervorlage angeboten und gibt den Schülern Raum, Gedanken zum Buch zu formulieren, Ideen auszuarbeiten und Fragen zu stellen.

Damit Sie sich möglichst schnell und unkompliziert über die Inhalte der verschiedenen Verzweigungen informieren können, ist auf den Seiten 4/5 ein entsprechendes Schaubild zu finden. Machen Sie sich aber bewusst, dass es hier nicht darauf ankommt, alles „parat" zu haben. Vielmehr geht es um einen lebendigen Austausch der Schüler untereinander – ob in Kleingruppen oder in der ganzen Klasse.

Jede Kopiervorlage ist oben mit einer Symbolleiste versehen, die auf einen Blick deutlich macht, welche Schüleraktivitäten hier vor allem gefordert sind:

| lesen | schreiben | malen | rätseln | spielen | vorspielen | erzählen |

Alles auf einen Blick

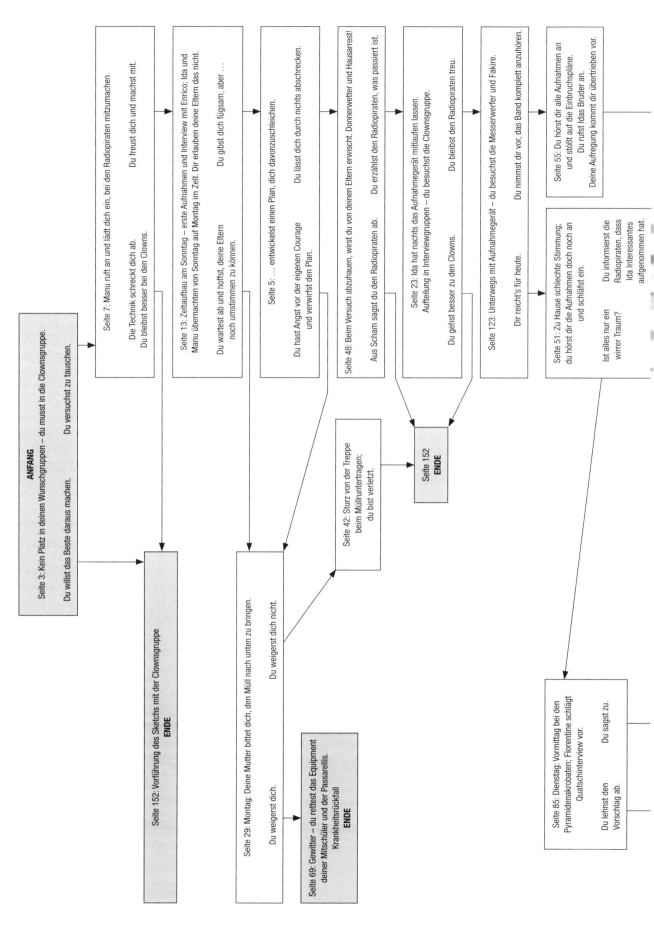

ANFANG

Seite 3: Kein Platz in deinen Wunschgruppen – du musst in die Clownsgruppe.

Du willst das Beste daraus machen.   Du versuchst zu tauschen.

Seite 152: Vorführung des Sketchs mit der Clownsgruppe
ENDE

Seite 7: Manu ruft an und lädt dich ein, bei den Radiopiraten mitzumachen.

Die Technik schreckt dich ab.   Du freust dich und machst mit.
Du bleibst besser bei den Clowns.

Seite 13: Zeltaufbau am Sonntag – erste Aufnahmen und Interview mit Enrico; Ida und Manu übernachten von Sonntag auf Montag im Zelt. Dir erlauben deine Eltern das nicht.

Du wartest ab und hoffst, deine Eltern   Du gibst dich fügsam, aber …
noch umstimmen zu können.

Seite 5: … entwickelst einen Plan, dich davonzuschleichen.

Du hast Angst vor der eigenen Courage   Du lässt dich durch nichts abschrecken.
und verwirfst den Plan.

Seite 29: Montag: Deine Mutter bittet dich, den Müll nach unten zu bringen.

Du weigerst dich.   Du weigerst dich nicht.

Seite 69: Gewitter – du rettest das Equipment deiner Mitschüler und der Passarellis.
Krankheitsrückfall
ENDE

Seite 42: Sturz von der Treppe beim Müllruntertragen; du bist verletzt.

Seite 152
ENDE

Seite 48: Beim Versuch abzuhauen, wirst du von deinen Eltern erwischt. Donnerwetter und Hausarrest!

Aus Scham sagst du den Radiopiraten ab.   Du erzählst den Radiopiraten, was passiert ist.

Seite 23: Ida hat nachts das Aufnahmegerät mitlaufen lassen. Aufteilung in Interviewgruppen – du besuchst die Clownsgruppe.

Du gehst besser zu den Clowns.   Du bleibst den Radiopiraten treu.

Seite 123: Unterwegs mit Aufnahmegerät – du besuchst die Messerwerfer und Fakire.

Dir reicht's für heute.   Du nimmst dir vor, das Band komplett anzuhören.

Seite 51: Zu Hause schlechte Stimmung; du hörst dir die Aufnahmen doch noch an und schläfst ein.

Ist alles nur ein   Du informierst die
wirrer Traum?   Radiopiraten, dass
    Ida Interessantes
    aufgenommen hat.

Seite 55: Du hörst dir alle Aufnahmen an und stößt auf die Einbruchspläne.
Du rufst Idas Bruder an.
Deine Aufregung kommt dir übertrieben vor.

Seite 85: Dienstag: Vormittag bei den Pyramidenakrobaten; Florentine schlägt Quatschinterview vor.

Du lehnst den   Du sagst zu.
Vorschlag ab.

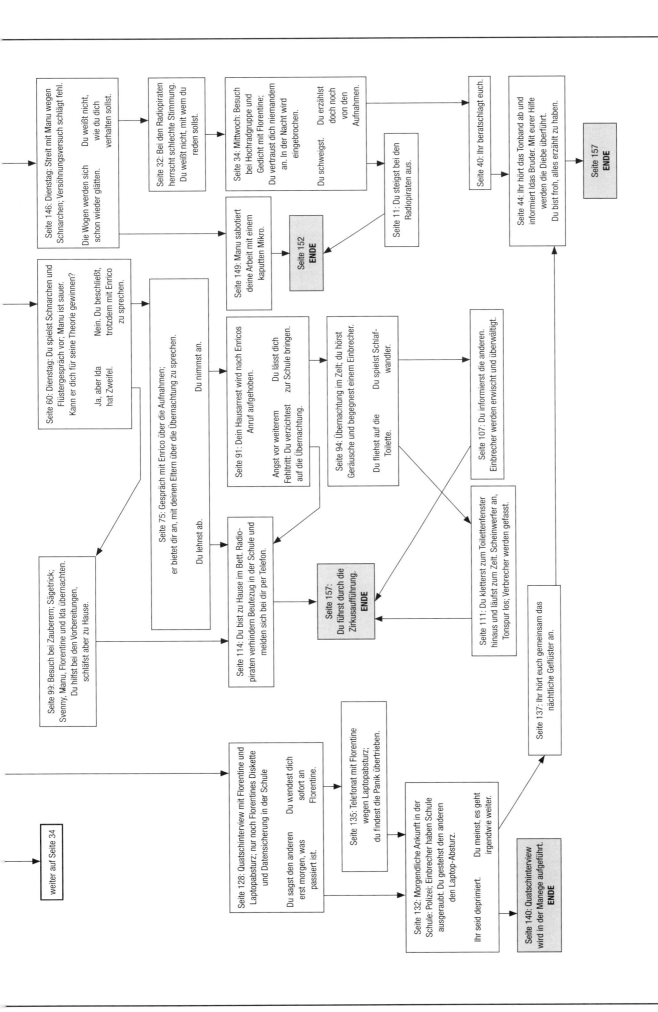

weiter auf Seite 34

Seite 146: Dienstag: Streit mit Manu wegen Schnarchen; Versöhnungsversuch schlägt fehl.

Du weißt nicht, wie du dich verhalten sollst.

Die Wogen werden sich schon wieder glätten.

Seite 32: Bei den Radiopiraten herrscht schlechte Stimmung. Du weißt nicht, mit wem du reden sollst.

Seite 34: Mittwoch: Besuch bei Hochradgruppe und Gedicht mit Florentine; Du vertraust dich niemandem an. In der Nacht wird eingebrochen.

Du schweigst. Du erzählst doch noch von den Aufnahmen.

Seite 11: Du steigst bei den Radiopiraten aus.

Seite 40: Ihr beratschlagt euch.

Seite 44: Ihr hört das Tonband ab und informiert Idas Bruder. Mit eurer Hilfe werden die Diebe überführt. Du bist froh, alles erzählt zu haben.

Seite 157 ENDE

Seite 60: Dienstag: Du spielst Schnarchen und Flüstergespräch vor; Manu ist sauer. Kann er dich für seine Theorie gewinnen?

Ja, aber Ida hat Zweifel.

Nein. Du beschließt, trotzdem mit Enrico zu sprechen.

Seite 149: Manu sabotiert deine Arbeit mit einem kaputten Mikro.

Seite 152 ENDE

Seite 75: Gespräch mit Enrico über die Aufnahmen; er bietet dir an, mit deinen Eltern über die Übernachtung zu sprechen.

Du nimmst an.

Du lehnst ab.

Seite 91: Dein Hausarrest wird nach Enricos Anruf aufgehoben.

Angst vor weiterem Fehltritt: Du verzichtest auf die Übernachtung.

Du lässt dich zur Schule bringen.

Seite 94: Übernachtung im Zelt; du hörst Geräusche und begegnest einem Einbrecher.

Du fliehst auf die Toilette.

Du spielst Schlafwandler.

Seite 107: Du informierst die anderen. Einbrecher werden erwischt und überwältigt.

Seite 99: Besuch bei Zauberern; Sägetrick; Svenny, Manu, Florentine und Ida übernachten. Du hilfst bei den Vorbereitungen, schläfst aber zu Hause.

Seite 114: Du bist zu Hause im Bett. Radiopiraten verhindern Beutezug in der Schule und melden sich bei dir per Telefon.

Seite 157: Du führst durch die Zirkusaufführung. ENDE

Seite 111: Du kletterst zum Toilettenfenster hinaus und läufst zum Zelt. Scheinwerfer an, Tonspur los; Verbrecher werden gefasst.

Seite 137: Ihr hört euch gemeinsam das nächtliche Geflüster an.

Seite 128: Quatschinterview mit Florentine und Laptopabsturz; nur noch Florentines Diskette und Datensicherung in der Schule

Du sagst den anderen erst morgen, was passiert ist.

Du wendest dich sofort an Florentine.

Seite 135: Telefonat mit Florentine wegen Laptopabsturz; du findest die Panik übertrieben.

Seite 132: Morgendliche Ankunft in der Schule: Polizei; Einbrecher haben Schule ausgeraubt. Du gestehst den anderen den Laptop-Absturz.

Ihr seid deprimiert.

Du meinst, es geht irgendwie weiter.

Seite 140: Quatschinterview wird in der Manege aufgeführt. ENDE

Das Buch im Unterricht

1. Vor der Lektüre

Es geht los – die Kinder haben ihre Lektüren erhalten und sind sicher neugierig, was sie in diesem Buch erwartet. Erzählen Sie den Kindern, dass der Autor sich etwas ganz Besonderes ausgedacht hat: Er hat nicht einfach nur eine Geschichte geschrieben, sondern eine Geschichte mit vielen Verzweigungen. Dadurch können wir uns beim Lesen immer wieder selbst entscheiden, welche Wendung die Erzählung nehmen soll. Dazu ist es noch ein Kinder-Krimi!

Lassen Sie die Kinder in den Büchern blättern, damit sie sich selbst einen Eindruck verschaffen können, und sammeln Sie anschließend erste Stimmen zum Buch: Was spricht dich an? Was spricht dich weniger an? Was stellst du dir unter einem Kinder-Krimi vor?

Die Kinder sollen ihre Erwartungen an das Buch formulieren. Es ist interessant, nach Abschluss der Beschäftigung mit der Lektüre zu überprüfen, ob und in welcher Art und Weise die Erwartungen erfüllt wurden.

Betrachten Sie mit den Kindern auch die Homepage des Autors Werner Färber: *www.wernerfaerber.de*

Hinweise zu den Kopiervorlagen

Dieses Buch ist anders!

KV Seite 17 Die Kopiervorlage kann nach dem gemeinsamen Einstieg individuell von jedem Kind bearbeitet werden. Sie greift die Fachtermini Titel, Autor und Verlag auf, regt zum Assoziieren zur Titelillustration an und bietet zum Schluss Aussagen über das Buch, aus denen die richtigen ausgewählt werden müssen. Hier besteht durch das Lösungswort die Möglichkeit zur Selbstkontrolle.

Lösung
CLOWN

Mein Lesetagebuch

KV Seite 18 Das Buch ermöglicht jedem Kind ganz persönliche Leseerfahrungen. Während sie lesen, entstehen Bilder, ergeben sich Gedanken, Fragen, neue Ideen, die Fantasie der Kinder wird intensiv angeregt. Es lohnt sich, all das in einem Lesetagebuch festzuhalten. Die Notizen können dabei helfen, sich mit dem Text kreativ auseinanderzusetzen und ihn besser zu verarbeiten. Dadurch fällt es den Schülern leichter, sich eine eigene Meinung zum Buch zu bilden, und sie können sich zudem länger an Inhalt und Figuren erinnern.

In diesem Fall dient das Lesetagebuch auch der Reflexion darüber, warum man sich für bestimmte Erzählstränge entschieden hat, und kann so zur Grundlage für den Austausch untereinander werden.

Sie sollten vorher mit den Kindern besprechen, ob das Lesetagebuch nur für sie selbst bestimmt ist oder ob Sie als Lehrkraft auch hineinschauen dürfen. Gerade bei dieser Lektüre ist es jedoch empfehlenswert, anhand des Tagebuchs die „Lesereise" der Schüler ein wenig zu begleiten.

Lassen Sie die Kinder zunächst ein Titelblatt für ihr Lesetagebuch gestalten und teilen Sie dann von der Kopiervorlage mehrere Exemplare pro Kind aus, auf der die Schüler ihre Gedanken zu gelesenen Textabschnitten aufschreiben können. Sie notieren, warum sie sich für einen bestimmten Fortgang der Erzählung entschieden haben, schreiben Textstellen auf, die ihnen gut oder weniger gut gefallen, formulieren Fragen an den Text und spontane Gedanken, die sie beim Lesen haben.

Das Lesetagebuch kann als Schnellhefter angelegt werden. Zwischen die Seiten mit Notizen zur Lektüre können weitere Seiten geheftet werden: Die Kinder können z. B.

- zu Textstellen malen (wobei sie selbst als Hauptfigur eine große Rolle spielen dürfen),
- in andere Rollen schlüpfen und einen Teil der Ereignisse aus einer anderen Perspektive erzählen,
- eine Textstelle anders weiterschreiben,
- Fragen und Gedanken formulieren,
- einen Brief an den Autor schreiben.

2. Zu den Themen „Zirkus" und „Radio"

Gesprächs- und Schreibanlässe

Zum Thema „Zirkus"
- Warst du schon einmal in einem Zirkus? Was für ein Zirkus war es?
- Was hat dir im Zirkus besonders gut gefallen, was hat dir nicht so gut gefallen?
- Hast du schon einmal mit anderen Kindern „Zirkus" gespielt? Was habt ihr einstudiert?
- Hast du dich schon einmal als Clown verkleidet oder „den Clown gespielt"? Was gefällt dir daran und was gefällt dir nicht so gut?

Zum Thema „Radio"

- Welche Radiosender kennst du?
- Wann und wo hörst du Radio?
- Hast du Lieblingssendungen?
- Nimmst du Radiosendungen bewusst wahr oder läuft das Radio mehr als „Hintergrundmusik"?
- Welche Vorteile hat das Radiohören gegenüber dem Fernsehen?

Hinweise zu den Kopiervorlagen

 Wer sind die Radiopiraten?
Diese Kopiervorlage kann zu Beginn der Lektüre von allen Schülern bearbeitet werden. Auf den Seiten 7–10 erfahren die Kinder eine ganze Menge über die Radiopiraten. Anhand der Kopiervorlage machen sie sich klar, wer zu dieser Clique gehört. Des Weiteren sammeln sie Assoziationen zum Namen „Radiopiraten": Was soll dadurch ausgedrückt werden? Welche Gedanken löst der Name aus? Sie können das Cluster, das auf der Kopiervorlage abgebildet ist, auch auf Folie kopieren und gemeinsam am Overheadprojektor bearbeiten. So können Sie das Clusterverfahren gemeinsam besprechen und dann mit der gesamten Lerngruppe arbeiten.

Abschließend geht es darum, einen bestimmten Textausschnitt im Buch zu finden und die Lücken mit den richtigen Wörtern zu füllen.

Lösung
Manu, Ida, Florentine und Svenny.

Die gesuchte Textstelle befindet sich auf Seite 8.
Dass sich Manu auch während der Projektwoche den Radiopiraten anschließen würde, war vorhersehbar. Die Radiopiraten sind schon lange eine eingeschworene Gruppe. Sie treffen sich zwei- bis dreimal pro Woche und machen Tonaufnahmen für einen richtigen Radiosender. Natürlich bietet es sich an, eine Sendung über die Zirkuswoche zu machen. Neben Manu gehören auch noch Ida, Florentine und Svenny zu den Radiopiraten. Obwohl nur Manu in deine Klasse geht, kennst du sie alle ganz gut. Jeder kennt sie. Kein Wunder, schließlich sind sie ständig im Radio zu hören.

 So ein Zirkus!
Diese Kopiervorlage fokussiert nochmals den Beginn des Buches. Die Kinder werden hier – wie im Buch – direkt angesprochen. Sie sollen notieren, an welchen Zirkusprojekten sie eigentlich teilnehmen wollten.

Es wird den Kindern sicherlich nicht schwerfallen, sich in die Rolle des Protagonisten zu versetzen, der nicht den „dummen August" spielen will. Sie formulieren in eigenen Worten und in der Ich-Form, was ihnen an dieser Rolle missfällt.

Zum Schluss bietet die Kopiervorlage Teile von Sprichwörtern und Redewendungen zum Thema „Zirkus", die passend einander zugeordnet werden.

Lösung
1. Zettel: Messerwerfen und Nagelbrett
2. Zettel: Säbelschlucken und Lassowerfen
3. Zettel: Akrobatik auf Hochseil und Trapez

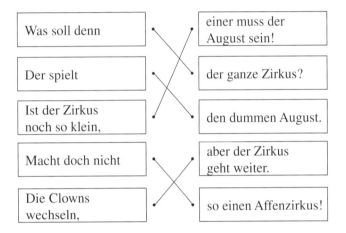

Weiterführende Anregung

Die Texte aus der zweiten Aufgabe können Sie auch in einem kleinen Rollenspiel aufgreifen: Ein Kind spielt die Hauptfigur, also sich selbst, ein weiteres die Lehrerin, die im Zirkusprojekt leider nur noch eine Clownsrolle zu vergeben hat. Lassen Sie verschiedene Kinder spielen und sie unterschiedliche Wege erproben, wie sich das Gespräch entwickeln kann – ganz im Sinne des vielschichtig angelegten Buches.

 Zur Geschichte des Zirkus
Das „Lesen mit dem Stift" zum Markieren wichtiger Textstellen ist eine wichtige Lesetechnik, die im 3. und 4. Schuljahr anhand informierender Texte immer wieder geübt werden sollte. Meist neigen die Kinder dazu, zu viele Textstellen zu unterstreichen – alles erscheint ihnen wichtig. Falls Ihre Schüler hier noch großen Übungsbedarf haben, können Sie die Seite auch am Overheadprojektor bearbeiten. Dann kann gemeinsam darüber gesprochen werden, welche Textstellen wichtig oder unwichtig sind. Die Ergebnisse können die Kinder auf ihr Blatt übertragen.

Das Buch im Unterricht

Die Kopiervorlage bietet auch die Gelegenheit, unbekannte Begriffe – z.B. das Wort „Gaukler" – zu notieren, um sie dann in einem Lexikon nachschlagen zu können.

Weiterführende Anregung

Falls das Thema „Geschichte des Zirkus" das Interesse der Kinder geweckt hat, bietet es sich an, Themengruppen zu bilden. So können sich die Kinder mithilfe von Sachbüchern oder Texten aus dem Internet z.B. mit der Geschichte des Circus Krone, mit der Geschichte der Kunstreiterei oder mit bestimmten Akrobaten wie Trapezkünstlern oder Schlangenmenschen beschäftigen.

Lauter Zirkus-Fremdwörter

Rund um das Thema „Zirkus" begegnen den Kindern viele Fremdwörter – oft aus der französischen Sprache. Nicht alle werden ihnen bekannt sein. Die Kopiervorlage bietet eine Vielzahl verschiedener Begriffe aus dem Wortfeld „Zirkus". Zu finden sind diejenigen Wörter, die inhaltlich nicht dazu passen. Um sich Sicherheit über einige Wortbedeutungen zu verschaffen, dürfen die Kinder ein Lexikon zu Rate ziehen. Als Differenzierung für leistungsstärkere Schüler bietet es sich an, die Wortbedeutungen der fünf unpassenden Wörter aufschreiben zu lassen.

Der zweite Teil der Kopiervorlage führt das Thema der Seite auf der Satzebene weiter: Die Kinder kreuzen die zutreffenden Sätze an und haben über das Lösungswort die Möglichkeit zur Selbstkontrolle.

Lösung
Kalorien, Avocado, Journal, Barometer, Meteor

KAMELE

Radio – wie funktioniert das?

Im Zusammenhang mit den Radiopiraten kann die Frage auftauchen, wie ein Radio eigentlich funktioniert. Der Sachtext dieser Kopiervorlage gibt darüber Auskunft. Um das Leseverständnis zu sichern, beantworten die Kinder Fragen zum Text.

Die Seite will jedoch auch dazu anregen, über eigene Erfahrungen mit dem Medium Radio ins Gespräch zu kommen. Sicher kennen die Kinder einige Radiosender und Kindersendungen, zu denen sie auf einem gesonderten Blatt etwas schreiben können (siehe auch „Gesprächs- und Schreibanlässe", Seite 7). Wer sich umfassend über Radiosendungen für Kinder informieren möchte, wird fündig unter: *www.reticon.de/reporte/oeffentlich-rechtliche-kinderradio-sendungen_112--1.html*

Lösung
1. Man bezeichnet sie auch als Rundfunkempfänger.
2. Es werden elektromagnetische Wellen benötigt.
3. Ein Sendemast sendet über eine Trägerwelle Informationen an das Radio.
4. Man hört nur ein Rauschen, wenn das Radio nicht auf die richtige Wellenlänge eingestellt ist.

Der Sender HMR

Auch diese Kopiervorlage beschäftigt sich mit den Radiopiraten und ihren Sendungen. Die Beantwortung der Fragen erfordert „Detektivarbeit" am Text, denn die Kinder müssen bestimmte Textstellen erst auffinden. Schwächere Schüler, die mit der Orientierung im Text überfordert sind, sollten mit einem Partner arbeiten.

Lösung
Die Abkürzung „HMR" bedeutet „Hörer machen Radio". Die Sendungen der Radiopiraten laufen immer sonntags um 10.00 Uhr und dauern sechzig Minuten. Du zögerst bei den Radiopiraten mitzumachen, weil dich die viele Technik abschreckt.
Die Informationen befinden sich auf der Seite 9.

R	Ö	J	L	A	I	P	D	T	A	L	R	B	Z
A	A	U	F	N	A	H	M	E	G	E	R	Ä	T
S	C	H	L	I	T	T	S	C	H	U	H	E	N
E	E	F	D	R	U	S	P	H	E	N	K	A	D
N	P	I	F	E	R	D	S	N	Z	P	O	Ä	X
M	A	S	T	E	C	H	N	I	I	J	P	H	S
Ä	U	H	J	E	I	M	I	K	R	O	F	O	N
H	F	L	A	N	U	A	S	K	K	V	H	L	L
E	N	P	K	D	E	G	V	U	O	Ö	U	T
R	A	M	K	H	N	K	Ö	F	Z	K	R	S	A
G	H	M	O	S	W	I	T	F	I	G	E	T	K
Ö	T	G	J	W	T	H	B	E	C	T	R	I	K
B	E	Z	A	H	N	B	Ü	R	S	T	E	G	U

Folgende Wörter aus dem Rätselgitter haben nichts mit den Radiopiraten zu tun: Rasenmäher, Schlittschuhe, Zahnbürste.

Radio-Memory

Wer sich mit dem Thema „Radio" beschäftigt, dem begegnen häufig Fachbegriffe. Mithilfe des Memorys können sich die Kinder spielerisch mit vielen wichtigen Begriffen vertraut machen. Wenn sie Bezeichnungen aus der Welt des Fernsehens und anderer Medien ergänzen und dazu eigene Kärtchen gestalten, kann das Spiel zu einem Medien-Memory erweitert werden. Geeignet sind z. B. Begriffe wie Receiver, Satellit, Studio, Gala, Show oder Monitor.

Alternativ zum Memory kann mit den Kärtchen auch ein Quiz veranstaltet werden. Ein Freiwilliger zieht ein Begriffskärtchen und versucht den Begriff mit eigenen Worten zu erklären. Gelingt dies, darf er weiterspielen, bis er an einem Begriff scheitert. Es gewinnt, wer die meisten Begriffe erklären kann.

Lösung

Mischpult: Gerät mit Reglern …
Akustik: die Lehre vom Schall …
Logo: Bild oder Schriftzug …
Moderator: jemand, der im Hörfunk …
Mikrofon: Sensoren, die Schalldruck …
Sender: technische Anlage …
Reportage: Bericht mit vielen …
Jingle: englisches Wort für …
Radio: Gerät zum Empfang …
Kommentar: Beitrag in …

3. Zum Inhalt

Gesprächs- und Schreibanlässe

Zum Thema „Einbruch"

- Wie kann man sich vor Einbrechern schützen oder ihnen das Einbrechen so schwer wie möglich machen?
- Sammle Zeitungsartikel zum Thema „Einbruch" und sprich mit deinen Mitschülern darüber.
- Hast du schon mal einen Einbruch erlebt? Wurde dir schon einmal etwas gestohlen?
- Wer könnten die Einbrecher in der Geschichte sein? Stelle Vermutungen an und begründe.

Wichtig ist, dass bei den Kindern kein allgemeines Misstrauen gegenüber ihren Mitmenschen entsteht. Sie sollen aber wissen, dass man sein Eigentum gegen Diebstahl sichern muss: Fenster und Türen stets gut verschließen, Fahrrad abschließen etc.

Hinweise zu den Kopiervorlagen

Die kürzeste Geschichte des Buches

Diese Kopiervorlage, die mit einer „Detektivaufgabe" am Text beginnt, eignet sich gut als Hausaufgabe. Gefordert ist, die kürzeste Geschichte des Buches zu finden und zu lesen. Danach können auch die weiteren Aufgaben der Kopiervorlage bearbeitet werden. Bei schwächeren Lerngruppen können Sie die betreffenden Textabschnitte vorgeben oder eingrenzen.

Lösung

Die kürzeste Geschichte des Buches steht auf den Seiten 3/4 und 152–156.

Am Anfang bin ich nicht gerade begeistert, dass ich einfach in die Clownsgruppe gesteckt wurde.
Dann merke ich, dass es richtig schwierig ist, ein guter Clown zu sein, und die Arbeit macht mir viel Spaß.
Am Ende bin ich stolz darauf, dass ich bei den Clowns mitmachen durfte.

… immerhin haben sie <u>vier</u> Einbrecher überlistet. Mitten in der Nacht wollten diese Ganoven die Gunst der Stunde nutzen. Sie hatten mitbekommen, dass der Hintereingang während der Zirkuswoche nachts durchgehend offen stand, damit die im Zelt Schlafenden <u>das Lehrerzimmer</u> benutzen konnten. Die offene Tür brachte die Gauner auf die Idee, dass sie im Schutz der Dunkelheit die Wertsachen aus der Schule räumen könnten. Ohne das beherzte Eingreifen der Radiopiraten hätten die Möchtegerndiebe vermutlich richtig großen Schaden anrichten können. <u>Euer Hausmeister</u> erwähnte am Rande, dass die <u>Krankenkasse</u> vermutlich nichts bezahlt hätte, weil der Hintereingang einer Schule nachts abgeschlossen werden muss – ganz egal, ob im Zelt schlafende Kinder oder Zirkusleute die Toilette benutzen müssen oder nicht. Keine Versicherung ist bereit Schäden zu übernehmen, wenn die Diebe zu ihrer Tat regelrecht eingeladen werden.

Richtige Wörter: zwei, die Schultoiletten, Eure Schulleiterin, Versicherung

Clowns verstehen alles falsch!

Die Kopiervorlage regt dazu an, die Clownsnummer in der kürzesten Geschichte (vgl. Seite 26) unter die Lupe zu nehmen, um der Komik der Clowns auf die Spur zu kommen. Diese liegt in den zahlreichen Missverständnissen bzw. in den Doppeldeutigkeiten der Wörter begründet. Die Kinder formulieren in eigenen Worten, was Oleg denkt, und tragen es in die Tabelle ein.

Das Buch im Unterricht

Im zweiten Teil der Seite geht es um Teekesselwörter (Homonyme). Ein Beispiel gibt die Clownsnummer bereits vor: die Presse (Zeitungswesen/Gerät zum Pressen). Die Kinder malen jeweils das zweite Teekesselwort dazu und schreiben die passenden Wörter auf. Anschließend können sie aufgefordert werden, weitere Teekesselwörter zu finden (Birne, Schloss, Mutter, Bank, Löwenzahn, Läufer, Tau, Ton etc.). Diese werden dann an der Tafel oder am Overheadprojektor notiert.

Weiterführende Anregung

Lassen Sie die Kinder auch ein Spiel zu den Teekesselwörtern spielen: Zwei Kinder wählen jeweils ein Wort und umschreiben abwechselnd seine beiden Bedeutungen („Mein Teekesselchen hat/ist …"). Wer den Begriff errät, darf sich einen Partner aussuchen, und weiter geht es mit dem nächsten Teekesselwort. Für den Fall, dass den Kindern keine Homonyme mehr einfallen, können Sie Kärtchen mit Begriffen vorbereiten, die dann gezogen werden.

Lösung

Das wird gesagt	So wird es falsch verstanden
Die Direktorin sagt: „Die Vorstellung beginnt."	Oleg versteht: „Aha, wir sollen uns also vorstellen."
Beppo sagt: „Wir sind doch von der Presse."	Oleg versteht: „Ja, wir pressen alles."
Die Direktorin fragt: „Soll ich euch ein Interview geben?"	Oleg versteht: „Sie will uns etwas geben, aber wir dürfen doch nichts annehmen!"
Beppo sagt: „Wir wollen die Direktorin aufnehmen!"	Oleg versteht: „Wir wollen sie hochheben und auf den Arm nehmen."

KV Seite 28 — Kurze Szenen für Clowns

Die Kopiervorlage macht Vorschläge für Clownsnummern, die (fast) ohne Worte auskommen. Für eine kleine Aufführung braucht man also nicht viel Text zu lernen. Die Kinder lesen die Texte und kreuzen an, welcher ihnen am besten gefällt. Anschließend suchen sie sich einen Partner und überlegen gemeinsam, wie der Vorschlag „Zwei Clowns, ein Stuhl" weitergehen könnte. Zunächst werden die Ideen stichwortartig im Heft gesammelt. Anschließend können die Kinder diese Ideen mit ihrem Partner umsetzen oder sich an den übrigen Szenen

erproben, was z. B. in der Turnhalle gut möglich ist. Wenn die Kinder mit ihren Einstudierungen zufrieden sind, dürfen sie dem Rest der Klasse vorspielen, was sie geübt haben. Die Zuschauer würdigen die Darbietung und machen ggf. Verbesserungsvorschläge. Vielleicht können die kleinen Sketche im Rahmen eines Schulfestes sogar einem größeren Publikum vorgeführt werden.

KV Seite 29 — Für schlaue Textdetektive

Diese Seite richtet sich als Differenzierungsangebot an stärkere Leser – sie ist jedoch auch für die Gruppenarbeit geeignet. Der Text der Kopiervorlage bietet eine Zusammenfassung der Ereignisse bis zum nächtlichen Ausbruchsversuch und den darauf folgenden Ausstieg des Erzählers bei den Radiopiraten. Die Kinder sollen herausfinden, welchem Erzählstrang sie folgen müssen, um die hier komprimierten Inhalte zu erfahren. Wenn in Gruppen gearbeitet wird, kann jeder seine bisherigen Leseerfahrungen einbringen – möglicherweise haben einige Kinder bereits die entsprechenden Textteile gelesen und können davon erzählen.

Wenn Sie die Kopiervorlage mit der gesamten Klasse bearbeiten, können Sie die Inhalte auch mit einem „roten Faden" visualisieren: Nehmen Sie einen dicken Wollfaden und hängen Sie ihn so an der Wand auf, dass Sie einige DIN-A4-Blätter daran befestigen können. Schreiben Sie zu jeder Buchseite, die für die Bearbeitung der Kopiervorlage zu lesen ist, ein Blatt mit einer stichwortartigen Inhaltsnotiz und hängen Sie diese auf. Diese kurzen Notizen können Sie anschließend wie Erzählkarten nutzen, mit denen die Kinder den Inhalt nochmals mündlich wiedergeben können.

Lösung
Seite 3/4 → Seite 7–10
→ Seite 13–22 → Seite 5/6
→ Seite 48–50 → Seite 152–156

KV Seite 30 — Ein Riesendonnerwetter

Auf dieser Kopiervorlage geht es um den Text von Seite 48–50 der Lektüre. Sie kann jedoch unabhängig davon eingesetzt werden, wie weit die Kinder in der Lektüre bereits gekommen sind oder welchen Strang sie bisher gelesen haben: Ein kurzer Einführungstext erläutert die betreffende Situation. Lassen Sie die einleitenden Sätze von Kindern, die entsprechende Textkenntnisse haben, kommentieren und ggf. weiter ausführen.

Die knappen Sätze aus der Lektüre zur großen Wut des Vaters sollen dann konkretisiert werden. Die Kinder versetzen sich in die Situation und schreiben in die Sprechblasen, was der Vater sagen könnte. Dadurch kann die betreffende Buchszene noch lebendiger werden. Auch der Einwand des Sohnes bzw. der Tochter wird in einer kleinen Sprechblase durch „Aber ..." angedeutet. Sammeln Sie zusammen mit den Kindern Ideen für passende Erwiderungen. Folgende Leitfragen können dafür hilfreich sein: Wann und warum hast du schon einmal ein „Riesendonnerwetter" erlebt? Wie hast du dich dabei gefühlt? Was hast du gesagt? Wie hat sich die Lage wieder beruhigt?

Lösungsvorschlag
Hast du völlig den Verstand verloren, nachts einfach heimlich abzuhauen? Was fällt dir eigentlich ein?
Dass du uns so hintergehst, hätten wir nie von dir gedacht! Das ist die größte Frechheit, die ich je erlebt habe! Du hast unbegrenzten Hausarrest und das Computerspielen kannst du auch erst mal vergessen!

⌐KV Seite 31⌐ So viele Gefühle!
Um die Kopiervorlage bearbeiten zu können, sollten die Schüler den Erzählstrang bis zu den Seiten 13–22 gelesen haben. Es geht darum, passende Adjektive zur Gefühlslage der Hauptfigur in bestimmten Situationen auszuwählen. Jeweils drei Adjektive sollen gefunden und die Auswahl im Folgenden in ganzen Sätzen begründet werden. Wenn Sie die Seite mit den Kindern gemeinsam bearbeiten, können noch weitere passende Adjektive zu den Situationen gefunden werden.

Lösung
traurig, niedergeschlagen, deprimiert
Am Anfang der Geschichte bin ich traurig, niedergeschlagen und deprimiert, weil ich in keiner meiner drei Wunschgruppen einen Platz bekommen habe und in die Clownsgruppe eingeteilt wurde.

erfreut, nachdenklich, geschmeichelt
Als Manu mich zu den Radiopiraten einlädt, bin ich erfreut und geschmeichelt, weil Manu ausgerechnet mich gefragt hat, ob ich bei ihnen mitmachen möchte. Da ich mich mit Technik nicht so gut auskenne, bin ich aber auch nachdenklich.

super, angenommen, bestätigt
Als Florentine deine Idee, die Szene beim Zeltaufbau aufzunehmen, klasse findet, fühle ich mich super, angenommen und bestätigt, denn es zeigt mir, dass es die richtige Entscheidung war, bei den Radiopiraten einzusteigen.

z.B. Ich bin neidisch auf meine Mitschülerinnen und Mitschüler, die im Zirkuszelt übernachten dürfen. Schuld daran sind meine Eltern, die mir verboten haben, mit dabei zu sein. Darüber bin ich sehr enttäuscht und wütend.

⌐KV Seite 32⌐ Was ist ein Interview?
In der Lektüre geht es immer wieder um Interviews, denn die Radiopiraten befragen Zirkusleute und die verschiedenen Zirkusgruppen. Fragen Sie die Kinder, ob sie bereits an eine Textstelle im Buch gelangt sind, in der es um ein Interview ging, und lassen Sie die Kinder erklären, was es mit diesem Fremdwort auf sich hat. Falls die Kinder keine passende Buchseite benennen können, kann ein „Detektivauftrag" für Gruppen lauten: „Findet eine Stelle im Buch, in der von einem Interview die Rede ist. Schreibt in eigenen Worten auf, was ein Interview ist." Im Anschluss daran kann jedes Kind für sich die Kopiervorlage bearbeiten. Anschließend wird die Lösung gemeinsam besprochen.

Lösung

	stimmt	stimmt nicht
Ein Interview ist meist eine mündliche Befragung.	☒	☐
Normalerweise wird bei einem Interview eine einzelne Person befragt.	☒	☐
Ein Interview gibt der befragten Person die Möglichkeit, sich zu präsentieren, Meinungen zu verbreiten oder Neuigkeiten zu berichten.	☒	☐
Interviews werden ausschließlich im Fernsehen gesendet.	☐	☒
Ein Interview ergibt sich meist spontan.	☐	☒
Der Interviewer muss die Begegnung anhand konkreter Fragen sorgfältig vorbereiten.	☒	☐
Interviews dürfen nicht in Zeitungen abgedruckt werden.	☐	☒
Wer ein Interview durchführt, muss sich während der Befragung Aufzeichnungen machen, zum Beispiel mit einem Aufnahmegerät.	☒	☐
Manche Interviews werden besonders hart geführt, um dem Befragten möglichst viele Informationen zu entlocken.	☒	☐

Das Buch im Unterricht

Viele Interviewpartner werden in Zeitungsdruckereien befragt, da das Antworten ihnen dort leichter fällt.	☐	☒
Manchmal kennen die Befragten vorher die Fragen, die gestellt werden.	☒	☐

Enrico, mehrere Mitschüler, der Hausmeister, ein Esel

 Selbst ein Interview vorbereiten

Die gute Vorbereitung eines Interviews zeugt von Professionalität, aber auch von Wertschätzung, die man der befragten Person entgegenbringt. Überlegen Sie gemeinsam mit den Kindern, wer interviewt werden kann (Schulleiter, Hausmeister, Geschäftsleute am Ort oder vielleicht auch der Bürgermeister), und lassen Sie die Kinder in Gruppen entsprechende Fragen erarbeiten, die dann im Plenum erläutert werden können. Bei der Erarbeitung der Fragen und der organisatorischen Vorbereitung des Interviews können die Checkliste und die Tipps der Kopiervorlage eine Hilfe sein.

 Erzähl mal, was passiert!

Die Kopiervorlage gibt in Form von Erzählkarten die Ereignisse eines großen Teils des Buches wieder. Je nach gewählter Verzweigung müssen die Kinder zwischen 7 und 28 Seiten gelesen haben. Lassen Sie die Schüler die Karten ausschneiden und einen Weg so vor sich hinlegen, dass sie ihn anhand der Stichworte nacherzählen können. Die Erzählkarten sind so angelegt, dass alle Kinder einen bekannten Strang daraus zusammensetzen können.

Folgende Kombinationen sind möglich:
* A, F
* A, B, F
* A, B, C, D, E
* A, B, C, G, J, K
* A, B, C, G, J, F
* A, B, C, G, D, E
* A, B, C, G, D, H, F

Anschließend sollen die Kinder begründen, warum sie diesen Erzählstrang gelesen haben und was ihnen daran gefallen oder nicht gefallen hat.

Die Struktur des Buches und die Unterschiede zwischen den einzelnen Geschichten werden so veranschaulicht.

Die Kindern können sich dadurch besser orientieren und das Prinzip des Buches nachvollziehen. Zudem wird ein Austausch der Leseerfahrungen unter den Mitschülern angeregt.

Bei dieser Gelegenheit können Sie wiederholen, worauf es beim Nacherzählen besonders ankommt. Die Schüler sollen
* auf die Reihenfolge der Ereignisse achten,
* nichts weglassen und nichts hinzufügen,
* möglichst genau, jedoch mit eigenen Worten erzählen,
* den Höhepunkt hervorheben,
* die Zeitstufe der Textvorlage beibehalten.

Weiterführende Anregung

Falls einige Kinder auch die weiteren Ereignisse erzählen möchten, können sie nach und nach Karten mit Stichworten zu den restlichen Textstellen anfertigen, sodass schließlich der Inhalt des ganzen Buches in Form von Erzählkarten vorliegt.

Wollen Sie die Aufgabe zusätzlich erschweren, können Sie eine oder mehrere Karten weglassen. Dann müssen die Kinder den fehlenden Inhalt entweder aus dem Kopf oder durch Nachschlagen im Buch ergänzen.

 Wenn du nicht gewesen wärst!

Der einleitende Text der Kopiervorlage ermöglicht den Einsatz der Seite unabhängig von bisher gelesenen Erzählsträngen. Die Kinder erhalten hier die Gelegenheit, sich in die Rolle von Manu zu versetzen, der im Radio vom heldenhaften Einsatz der Hauptfigur des Romans berichtet. Tragen Sie mithilfe des Textwissens einiger Kinder und der Stichworte auf der Seite zusammen, welche Fakten im Radiobericht zur Sprache kommen sollten.

Wenn die Kinder ihren Radiobericht fertiggestellt haben, können sie ihn auch vortragen – so, wie sie sich den Beitrag im Radio vorstellen würden. Die Zuhörer dürfen anschließend Kritik üben.

Besprechen Sie mit den Kindern vor der letzten Aufgabe den Begriff „Erzählperspektive". Auf was sollte man achten, wenn man ein Ereignis aus einer anderen Sichtweise beschreibt?

 Wenn du bloß nicht ...

Hier wird ein Ereignis aus der Lektüre als Comic vorgegeben. Die Kinder lesen zunächst nach, auf welche Textpassage sich die Bilder beziehen. Anschließend sollen sie sich selbst in die Bilder malen, auf Details achten (z. B. auf den verstreuten Müll) und das letzte Bild ergänzen. Hierbei kommt es darauf an, den Text genau zu lesen und festzuhalten, was für den Fortgang der Geschichte entscheidend ist: die Fußverletzung. Da die Kinder selbst die Hauptperson der Geschichte sind, schreiben sie in der Ich-Form und mit eigenen Worten ins Heft, was auf den Bildern passiert. Weisen Sie auch darauf hin, dass sie in der Gegenwartsform schreiben sollen.

Weiterführende Anregung

Der Erzählstrang müsste nach diesem Erlebnis nicht so schnell zu Ende sein. Lassen Sie die Kinder eigene Ideen entwickeln, wie es weitergehen könnte. Die Ideen können dann in Bild und Text – vielleicht auch als Gruppenarbeit – umgesetzt und im Klassenzimmer aufgehängt werden.

Ein Sturz – und ein glückliches Ende

Die verwürfelten Sätze ergeben eine Inhaltsangabe zu den Ereignissen nach dem Sturz auf der Treppe. Die richtige Zuordnung kann auch ohne entsprechende Textkenntnis erschlossen werden. Lassen Sie die „Detektive" unter Ihren Kindern dennoch die Seiten finden, auf die sich die Kopiervorlage beziehen (Seite 42/43 und 152–156).

Mithilfe der gefundenen Sätze können die Schüler einen kurzen Text als Zusammenfassung ins Heft schreiben. Hier kann das aufmerksame Abschreiben und selbstständige Finden von Fehlern geübt werden.

Abschließend dürfen die Kinder von ähnlichen Missgeschicken erzählen: Bist du schon einmal schwer gestürzt und hast dich verletzt? Warst du deswegen beim Arzt oder im Krankenhaus? Was konntest du alles nicht mehr tun?

Lösung

Der Sturz auf der Treppe bereitet dir große Schmerzen.
Deine Mutter muss den Müll einsammeln.
Der Arzt verordnet dir viel Ruhe.
Dein Knöchel ist angeschwollen.
~~Die Zirkusreiterin findet es toll, wie tapfer du bist.~~
Du willst nun doch bei den Clowns mitmachen.
Die Arbeit in der Clownsgruppe bereitet dir viel Spaß.
Du selbst spielst den Clown Beppo.
Florentine von den Radiopiraten hast du gebeten, die Zirkusdirektorin zu spielen.
Das Publikum rast am Ende und trampelt mit den Füßen.

Achtung, Einbrecher!

Kern der „Kriminalgeschichte" im Buch ist der geplante bzw. durchgeführte Einbruch in die Schule. Auf den Seiten 152–156, die die Kinder als Teil der kürzesten Geschichte des Buches gelesen haben, haben sie bereits vom Einbruch erfahren. Zunächst wird auf die bekannte Stelle Bezug genommen und die Kinder notieren in Stichworten, was dort berichtet wird. Einige

Schüler werden zudem bereits an anderen Stellen im Buch auf den Einbruch gestoßen sein. Sie können nun ihre Erfahrungen zusammentragen und verschiedene Textauszüge vergleichen. Dabei stoßen sie auch auf die Informationen, mit denen sich die folgenden Fragen beantworten lassen.

Im Zusammenhang mit dieser Kopiervorlage können auch die Gesprächs- und Schreibanlässe von Seite 9 aufgegriffen werden.

Lösung
- Mitten in der Nacht wollten zwei Einbrecher die Gunst der Stunde nutzen.
- Hintereingang während der Zirkuswoche nachts geöffnet
- Einbrecher wollten Wertsachen aus der Schule räumen.
- Radiopiraten haben Einbrecher überlistet.

Seite 55–59, 60–68, 44–47

Seite 75–84, Seite 99–106

- Scheinwerfer
- Stolperseile zwischen Zaun und Eingang
- Geräusche und Lautsprecher, um das ganze Gelände zu beschallen

Was vor dem Einbruch war

Da es nicht einfach ist, einen Erzählstrang rückwärts zu verfolgen und die Textteile entsprechend zu nummerieren, eignet sich diese Kopiervorlage besonders als Differenzierungsangebot für starke Schüler oder als Partnerarbeit.

Die Textteile können auch ausgeschnitten und zunächst probeweise gelegt werden. Das Finden der richtigen Lösung gestaltet sich so etwas einfacher.

Lösung

9 (Seite 75–84)	Du sprichst mit Enrico, erzählst ihm von den merkwürdigen Tonaufnahmen, in denen zu hören ist, dass jemand etwas klauen will.
1 (Seite 23–28)	Die Radiopiraten werden in Interviewgruppen aufgeteilt und du gehst zu den Clowns, um sie zu ihrer Arbeit zu befragen.
7 (Seite 60–68)	Du spielst den Radiopiraten die Aufnahme mit Stimmen zweier unbekannter Männer vor, die sich über einen geplanten Einbruch unterhalten.

Das Buch im Unterricht

2	Du hältst den Radiopiraten die Treue, obwohl du nicht mehr glaubst, dass der Clownskurs albern und langweilig ist.
5 (Seite 51–54)	Du hast Hausarrest. Zu Hause telefonierst du zunächst mit Ida, holst dann das Aufnahmegerät aus dem Rucksack und hörst dir Szene für Szene an.
3 (Seite 123–127)	Du bist mit dem Aufnahmegerät unterwegs und sammelst Eindrücke von ganz verschiedenen Projekten.
6	Du schläfst mit den Kopfhörern auf den Ohren ein und weißt gar nicht mehr, ob du die geheimnisvollen Flüsterstimmen wirklich gehört oder nur geträumt hast.
4	Dann hast du erstmal genug.
8	Du beschließt, Enrico um Rat zu fragen.

Einbruchsgeflüster

KV Seite 40

Mithilfe der Buchseiten 63/64 rekonstruieren die Kinder das aufgenommene Geflüster der beiden Einbrecher. Der Text muss genau gelesen werden, um die Lücken richtig füllen zu können. Darüber hinaus sollen die Schüler hier üben, die Redezeichen der wörtlichen Rede richtig zu setzen. Wenn sie die Seite bearbeitet haben, können sie mit einem Partner tauschen und die Ergebnisse kontrollieren.

Wichtig: Stellen Sie nochmals den Kontext der zugrunde liegenden Buchseiten her. Tragen Sie mündlich mit den Kindern zusammen,
- wann die Radiopiraten das Geflüster hören,
- wo sie sich befinden,
- von welchen Seilen im Text die Rede ist,
- warum die Hintertür der Schule offen steht,
- was die Einbrecher in der Schule wohl stehlen wollen.

Tonstörung!

KV Seite 41

Es bietet sich an, diese Kopiervorlage im Anschluss an das Arbeitsblatt „Einbruchsgeflüster" (Seite 40) einzusetzen, da dort der im Buch unmittelbar vorangehende Textteil behandelt wird.

Die Kopiervorlage verweist auf das Gespräch der beiden Einbrecher, das auf den Seiten 63/64 zu lesen ist. Am Schluss sind nur noch einzelne Wörter verständlich, die als Schreibanlass für die Fortsetzung des Dialogs genutzt werden können. Klären Sie vorher die Bedeutung der Nomen – nicht alle Kinder werden Begriffe wie „Bolzenschneider", „Sackkarre" oder „Sanitärbetrieb" mit Inhalt füllen können.

Der zweite Teil der Kopiervorlage bietet eine Leseübung. Die Kinder kreisen ein, was die Einbrecher in der Schule stehlen könnten. Die anschließende Schreibaufgabe kann zur Differenzierung für schnelle Schüler eingesetzt werden.

Lösung
DVD-Player, Videokamera, Computer, Telefone, Instrumente aus dem Musiksaal, Beamer, Fernsehgeräte, Aufnahmegeräte

Ein eigenes Drehbuch schreiben

KV Seite 42

Eine Tonaufnahme macht den Kindern sicherlich Spaß und motiviert sie, das Einbruchsgeflüster mit passender Betonung zu lesen. Zunächst soll ein Dialog wie in einem Drehbuch aufgeschrieben werden. Leistungsstärkere Kinder schaffen dies allein – es bietet sich jedoch Partnerarbeit an, da der Dialog anschließend auch von zwei Sprechern gelesen werden soll.

Die Kopiervorlage zeigt mit dem Beginn des Dialogs, was beim Drehbuchschreiben zu beachten ist. Vielleicht wollen sich die Kinder mit ihren Texten von der Lektüre lösen. Lassen Sie dies ruhig zu, sofern stimmige Texte entwickelt werden.

Liegt der Text vor, kann mit den Überlegungen für eine Aufnahme begonnen werden. Die Kopiervorlage gibt Tipps für die Geräuschkulisse, die im Übrigen nicht von den Sprechern selbst erzeugt werden soll. Es bietet sich an, zwei Kinder sprechen und zwei Kinder Geräusche machen zu lassen. Wahrscheinlich wird die erste Aufnahme nicht optimal gelingen. Sprechen Sie gemeinsam über die Qualität der Ergebnisse und geben Sie den Kindern die Möglichkeit, ihre Aufnahme zu verbessern.

Geräuscheraten im Klassenzimmer

KV Seite 43

Im Kontext der Tonaufnahmen von der vorangegangenen Kopiervorlage kann das Geräuscheraten eine motivierende Abwechslung darstellen, die zudem die Konzentrationsfähigkeit der Kinder schult.

Alle Schüler legen den Kopf mit geschlossenen Augen auf den Tisch. Die Kärtchen liegen umgedreht auf einem Stapel. Ein Kind darf ein Kärtchen ziehen und das entsprechende Geräusch machen. Wer das Geräusch als Erster errät, ist als Nächster an der Reihe. Die Vorschläge sind so ausgewählt, dass sie sich in jedem Klassenzimmer leicht realisieren lassen. Sicherlich haben die Kinder Vorschläge für weitere Geräuschideen, die auf den leeren Kärtchen notiert und in das Spiel integriert werden können.

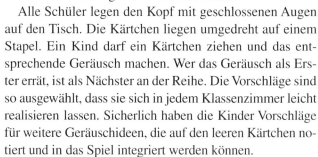

Flüstern, raunen, schimpfen

KV Seite 44

Werner Färber erzählt seine Verzweigungsgeschichte in einer anschaulichen Sprache. Besonders die Dialoge unter den Radiopiraten wirken sehr lebensnah, was die Kinder in besonderer Weise zum Lesen motiviert.

Die vorliegende Kopiervorlage fokussiert das Wortfeld „sprechen", da im Buch eine Vielzahl von Verben aus diesem Wortfeld zu finden sind. Die Kinder suchen in der Lektüre passende Wörter und ordnen sie in die entsprechenden Spalten ein. Die meisten Verben sind im Bereich „normal sprechen" zu finden. In einer anderen Farbe können weitere Verben ergänzt werden (hier kursiv). Bei schwächeren Lerngruppen können Sie entsprechende Verben vorgeben und sie in die passende Spalte einordnen lassen.

Im zweiten Teil der Kopiervorlage sollen die Schüler fünf Sätze mit unterschiedlichen Verben aus dem bearbeiteten Wortfeld bilden, um diese auch im Kontext zu verwenden. Das Sprachbewusstsein der Kinder wird dadurch gefördert.

Lösungsvorschlag

leise sprechen	normal sprechen	laut sprechen
flüstern	sagen	rufen
raunen	erwidern	schimpfen
zischen	fragen	protestieren
murmeln	berichten	brüllen
wispern	ankündigen	*schreien*
hauchen	antworten	*toben*
säuseln	einwerfen	*ausrufen*
tuscheln	erzählen	*grölen*
hauchen	erklären	*kreischen*
brummen	reden	*zetern*
summen	meinen	*jubeln*

4. Nach der Lektüre

Hinweise zu den Kopiervorlagen

Meine Verzweigungsgeschichte

KV Seite 45

Die Aufgabe dieser Kopiervorlage kann sowohl in Einzel- als auch in Gruppenarbeit bearbeitet werden. Die sich mehrmals verzweigende Geschichte über das Zirkusprojekt an einer Grundschule soll die Kinder dazu anregen, Ideen für eigene Geschichten dieser Art zu entwickeln und auszuformulieren. Auf der Kopiervorlage ist die Struktur einer einfachen Verzweigungsgeschichte dargestellt. Lesen Sie gemeinsam mit den Schülern den Anfang der Geschichte und besprechen Sie alles Wesentliche, das für den Fortgang der Geschichte entscheidend ist: Wer? Wo? Wann? Was geschieht?

Im 3. Schuljahr haben viele Kinder noch Probleme, eine Geschichte stringent zu erzählen – sie haben viele fantasievolle Ideen im Kopf, kommen jedoch nicht zu einer schlüssigen Erzählung. Besprechen Sie daher vorab, wie wichtig es ist, dass die Ereignisse logisch aufeinander aufbauen. Auch die Strukturelemente Einleitung, Hauptteil mit Höhepunkt und Schluss können an dieser Stelle nochmals thematisiert und auf das vorliegende Schema übertragen werden. Bei schwächeren Schülern bietet es sich zudem an, Fragen vorzugeben, die die Fantasie anregen:

- Was passiert dir auf dem Rückweg zum Schulhof?
- Du kommst zu spät und die Passarellis sind ohne dich losgefahren. Wie kommst du nach?
- Was könnte passieren, wenn dir niemand seine Sachen leiht?
- Wo schläfst du? Geschieht etwas Gefährliches?
- Geht es am Ende gut aus oder nicht?

Sollte der Platz auf der Kopiervorlage für die Ideensammlung nicht ausreichen, lassen Sie die Schüler das Schema auf ein großes Blatt Papier übertragen und dort ihre Stichpunkte sammeln.

Wenn sie damit fertig und mit ihrem Ergebnis zufrieden sind, sollten Sie die Logik der Handlungsabläufe kurz überprüfen. Anschließend können die Texte ausformuliert werden.

Falls die Kinder in Lerngruppen gearbeitet und die verschiedenen Geschichten zusammen entwickelt haben, sollten sie die Stichwortsammlungen der Textabschnitte untereinander aufteilen. Leistungsschwächere Kinder, die mit dem Schreiben der Texte überfordert sind, können zu den entstandenen Texten Bilder zeichnen.

Wenn alle Texte fertig sind, lesen die Schüler bzw. Gruppen die Werke der anderen und beraten sich gegenseitig, was verbessert werden kann, damit die Texte auch veröffentlicht werden können (Erfassen mit dem Computer und Vervielfältigung für die Klasse, Aushang in der Aula, Zusammenstellung eines Geschichtenbuchs als Geschenk für andere Klassen etc.). Für die einzelnen Arbeitsschritte „Vorbereiten", „Schreiben" und „Beurteilen" können Sie Ihren Kindern als Unterstützung die nächste Kopiervorlage „Tipps für gute Texte" (Seite 46) an die Hand geben.

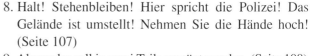

 Tipps für gute Texte

Diese Kopiervorlage dient als Hilfestellung bei der Erstellung eigener Texte. Die Kinder können bei der Vorbereitung der Texte, beim Schreiben und beim anschließenden Beurteilen den entsprechenden Abschnitt zu Rate ziehen und prüfen, ob alle Punkte beachtet wurden. Greifen Sie zusätzlich noch einmal auf die Kopiervorlage „Flüstern, raunen, schimpfen" (Seite 44) zurück, in der die Schüler eine Sammlung von Verben aus dem Wortfeld „sprechen" angelegt haben, die ihnen nun beim Schreiben eine Hilfe sein kann.

 Das Radiopiraten-Quiz

„Den Zirkusdieben auf der Spur" ist kein Buch, das man von vorn bis hinten durchliest. Einige Kinder werden mehr, andere weniger gelesen haben – dies können Sie im Lesetagebuch nachvollziehen. Gerade deshalb ist das Quiz zum Abschluss der Auseinandersetzung mit der Lektüre spannend, da es sich gut in Gruppenarbeit realisieren lässt. Kinder, die mit dem Quiz relativ schnell fertig sind, können sich eigene Fragen zum Buch überlegen und diese in der Klasse an einem bestimmten Ort auslegen. Wer ebenfalls mit dem Quiz fertig ist, kann dann versuchen, die Zusatzfragen zu beantworten.

Aufgaben dieser Art fördern eine wichtige Lesekompetenz: das überfliegende Lesen, das beim schnellen Orientieren im Buch gefordert ist.

Lösung
1. Samstag (Seite 7)
2. Hörer machen Radio (Seite 9)
3. eine Kokosnuss (Seite 16)
4. Seite 36/37
5. Enrico und Marcello (Seite 66)
6. Schröder (Seite 95)
7. in einer der Toilettenkabinen (Seite 98/111)

8. Halt! Stehenbleiben! Hier spricht die Polizei! Das Gelände ist umstellt! Nehmen Sie die Hände hoch! (Seite 107)
9. Alexander soll in zwei Teile zersägt werden. (Seite 100)
10. Der Laptop stürzt ab. (Seite 129/130)
11. das Quatschinterview auf der Sicherungsdiskette (Seite 134)
12. Seite 85–88
13. Jeanette aus der vierten Klasse (Seite 157)
14. Höhepunkt, Entschädigung, Tagen, Ende

Weiterführende Anregung

Abschließend können Sie an die Erwartungen anknüpfen, die die Kinder zu Beginn der Arbeit mit der Lektüre geäußert haben (vgl. „Vor der Lektüre", Seite 6). Welche Erwartungen sind erfüllt worden, welche nicht? Welche Überraschungen haben sich in der Arbeit mit dem Buch ergeben? Sind die Schüler auf bestimmte Verzweigungen neugierig geworden, die sie noch nicht gelesen haben? Würden die Kinder das Buch weiterempfehlen?

Name: _____

Dieses Buch ist anders!

Was erfährst du auf dem Buchcover über folgende Punkte?

Titel: _____

Autor: _____

Verlag: _____

Welche Gedanken kommen dir beim Betrachten des Titelbildes? Schreibe einige Stichworte dazu auf.

_____

_____

Was trifft auf dieses Buch zu? Kreuze die richtigen Sätze an und schreibe das Lösungswort auf.

☐ Der Autor erzählt von einem Radiosender, der über einen Zoo berichtet. (I)

☐ Die Geschichte hat mehrere Erzählstränge. (C)

☐ Es geht um Mitarbeiter eines Radiosenders, die eine Bande gründen und sich „Piraten" nennen. (R)

☐ Man kann selbst entscheiden, an welcher Stelle man weiterliest. (L)

☐ Das Ende der Geschichte muss man als Leser selbst schreiben. (U)

☐ Der Autor spricht dich als Leser in der Du-Form direkt an. (O)

☐ Erzählt wird eine wahre Geschichte, die sich vor 200 Jahren ereignet hat. (T)

☐ Die Geschichten spielen in der Zukunft und werden sich erst ereignen. (P)

☐ Das Buch ist in der Gegenwart geschrieben, so dass es sich anhört, als geschehe alles jetzt. (W)

☐ Das Buch gibt viele Hinweise, an welchen Stellen man weiterlesen kann. (N)

Das Lösungswort lautet: _____ .

Datum	gelesene Seiten	Ich habe diesen Weg gewählt, weil …	Das hat mir gut gefallen / nicht so gut gefallen.	Diese Wörter habe ich nicht verstanden.	offene Fragen und Anmerkungen

lesen **schreiben** malen rätseln spielen vorspielen erzählen

Wer sind die Radiopiraten?

Zu Beginn des Buches erfährst du eine Menge über die Radiopiraten.

 Wer gehört alles dazu? Schreibe die Namen auf.

_____

 Welche Gedanken kommen dir bei dem Namen „Radiopiraten"?
Schreibe auf die Linien.

_____   _____

(**Radiopiraten**)

_____   _____

 Suche die folgende Textstelle in deinem Buch und fülle die Lücken
richtig aus.

Die gesuchte Textstelle befindet sich auf Seite _____.

Dass sich Manu auch während der _____ den Radiopiraten an-

schließen würde, war vorhersehbar. Die Radiopiraten sind schon lange eine

_____. Sie treffen sich zwei- bis dreimal

pro Woche und machen _____ für einen richtigen Radiosender.

Natürlich bietet es sich an, eine Sendung über die _____ zu

machen. Neben Manu gehören auch noch _____, _____

und _____ zu den Radiopiraten. Obwohl nur Manu in deine

_____ geht, kennst du sie alle ganz gut. Jeder kennt sie.

Kein _____, schließlich sind sie ständig _____ zu hören.

lesen **schreiben** malen rätseln spielen vorspielen erzählen

So ein Zirkus!

 Welche drei Wünsche für eine Teilnahme am Zirkusprojekt hast du auf die Zettel geschrieben?

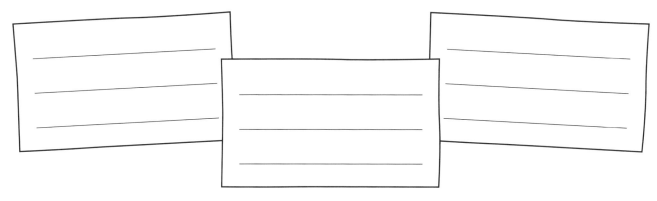

 Warum willst du im Buch nicht der „dumme August" sein?
Formuliere mit eigenen Worten.

 Hier sind Sprichwörter und Redewendungen rund um das Thema „Zirkus" durcheinandergeraten. Verbinde die Satzhälften passend.

Was soll denn	• •	einer muss der August sein!
Der spielt	• •	der ganze Zirkus?
Ist der Zirkus noch so klein,	• •	den dummen August.
Macht doch nicht	• •	aber der Zirkus geht weiter.
Die Clowns wechseln,	• •	so einen Affenzirkus!

Zur Geschichte des Zirkus

Lies den Text und unterstreiche die wichtigsten Textstellen.

Das deutsche Wort Zirkus stammt aus der lateinischen Sprache: Die Römer nannten eine kreisrunde Arena, in der Wagenrennen oder Tierkämpfe stattfanden, circus.

Von Zauberern, Jongleuren und Artisten lassen sich Menschen schon seit langer Zeit gerne unterhalten. Im Mittelalter zum Beispiel mussten die Menschen hart arbeiten, um leben zu können, und hatten in ihrem Alltag wenig Abwechslung. Da waren Gaukler und Artisten, die ihre Kunst zeigten, immer willkommen.

Zirkuszelte gibt es jedoch erst seit etwa zweihundert Jahren. Vorher fanden die Vorführungen im Freien, zum Beispiel auf Marktplätzen statt; doch auch in Schaubuden oder Theatergebäuden gab es Darbietungen.

Der Zirkus, den wir in Europa kennen, ist meist ein Familienunternehmen, das mit einem Zelt von Ort zu Ort zieht. Es gibt jedoch auch Zirkusunternehmen, die eine feste Spielstätte unterhalten, zum Beispiel der Circus Krone in München.

Pferdedressuren mit Kunstreitern spielten in der Geschichte des Zirkus in Europa eine große Rolle: In England gab es sogar Kunstreitergesellschaften, die auf dem Rücken der Pferde die tollsten Kunststücke zeigten.

Tiere aus fernen Ländern gab es im Zirkus zunächst nicht. 1831 waren erstmals dressierte Löwen in einem französischen Zirkus zu sehen.

Viele kleine Zirkusunternehmen mussten in der letzen Zeit ihre Arbeit einstellen, weil sie zu wenig Geld einnahmen.

Notiere schwierige Wörter aus dem Text und ihre Bedeutung. Nutze ein Lexikon.

schwierige Wörter   Erklärungen

_____ : _____

_____

_____ : _____

_____

_____ : _____

_____

Name: _____

Lauter Zirkus-Fremdwörter

 Streiche die Wörter durch, die nicht zum Wortfeld „Zirkus" gehören.
Schlage die Begriffe im Lexikon nach, bei denen du dir unsicher bist.

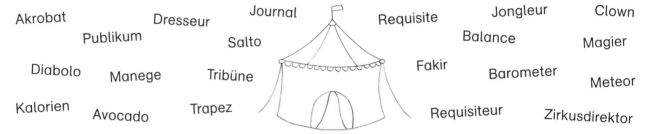

Akrobat   Dresseur   Journal   Requisite   Jongleur   Clown

Publikum   Salto   Balance   Magier

Diabolo   Manege   Tribüne   Fakir   Barometer   Meteor

Kalorien   Avocado   Trapez   Requisiteur   Zirkusdirektor

 Kreuze die zutreffenden Sätze an. Von oben nach unten gelesen,
ergeben die Buchstaben ein Lösungswort. Schreibe es auf.

K		Akrobaten müssen oft trainieren, um ihre Vorführungen fehlerlos präsentieren zu können.
I		Dresseure möchten die Zuschauer gern zum Lachen bringen.
A		Auf dem Hochseil muss man gut die Balance halten können.
T		Requisiteure sind in einem Zirkus für die Musik zuständig.
M		Manche Jongleure arbeiten mit Bällen, andere zum Beispiel mit Fackeln.
E		Manche Magier können Gegenstände und sogar Zuschauer verschwinden lassen.
P		Ein Fakir dressiert meist besonders gefährliche Tiere, zum Beispiel Raubkatzen.
L		Alle Zuschauer im Zirkus zusammen nennt man das Publikum.
B		Der Zirkusdirektor sorgt für Sauberkeit und reinigt die Manege.
E		Damit die Zuschauer gut sehen können, sitzen sie meist auf Tribünen.
U		Salto ist eine Bezeichnung für einen Handstand mit Überschlag.

Das Lösungswort lautet: _____.

Radio – wie funktioniert das?

 Lies den Text und beantworte die Fragen in ganzen Sätzen.

Unser Radio und der Fernsehapparat sind Rundfunkempfänger. Sie empfangen Sendungen, die von Sendeanstalten oder Rundfunksendern ausgestrahlt werden. Das Verb „ausstrahlen" deutet dabei schon an, wie das funktioniert:

Um Musik oder Sprache im Radio übertragen zu können, braucht man elektromagnetische Wellen. Man kann sie weder sehen noch fühlen – trotzdem sind sie vorhanden. Sie entstehen durch Schwingungen von elektrischen und magnetischen Feldern und verbreiten sich von einem Mittelpunkt aus nach allen Seiten. Wenn du einen Stein ins Wasser wirfst, kannst du ein ähnliches Phänomen beobachten: Von dem Stein aus bilden sich kreisförmige Wellen, die sich immer weiter nach außen bewegen.

Techniker können Radiowellen dazu nutzen, um Informationen, die sie vorher verschlüsseln, zu verschicken. Von einem Sendemast oder auch von einer großen Antenne aus sendet die Trägerwelle die Informationen dann ins Umland. Es gibt lange und kurze Wellen. Kennt man die Wellenlänge, mit der die Informationen verschickt werden, kann man zu Hause mit einem Radio die Schwingungen aufnehmen. Wenn man das Radio nicht richtig einstellt, hört man nur ein Rauschen. Stellt man es aber richtig ein, können die elektromagnetischen Wellen im Lautsprecher in Schallwellen umgewandelt werden und man kann Stimmen oder Lieder im Radio hören.

1. Wie bezeichnet man Radio und Fernsehapparat auch?

_____

2. Was benötigt man, um Musik oder Sprache im Radio übertragen zu können?

_____

3. Welche Funktion hat ein Sendemast?

_____

_____

4. Wann hört man nur ein Rauschen im Radio?

_____

_____

Der Sender HMR

 Fülle die Lücken mithilfe deines Buches. Notiere auch, auf welcher Buchseite du die Informationen gefunden hast.

Die Abkürzung „HMR" bedeutet _____ .

Die Sendungen der Radiopiraten laufen immer _____

um _____ Uhr und dauern _____ .

Du zögerst bei den Radiopiraten mitzumachen, weil _____

_____ .

Die Informationen befinden sich auf der Seite _____ .

 Im Wörtergitter sind fünf Dinge versteckt, die die Radiopiraten für ihre Aufnahmen brauchen. Male sie an.

R	Ö	J	L	A	I	P	D	T	A	L	R	B	Z
A	A	U	F	N	A	H	M	E	G	E	R	Ä	T
S	C	H	L	I	T	T	S	C	H	U	H	E	N
E	E	F	D	R	U	S	P	H	E	N	K	A	D
N	P	I	F	E	R	D	S	N	Z	P	O	Ä	X
M	A	S	T	E	C	H	N	I	I	J	P	H	S
Ä	U	H	J	E	I	M	I	K	R	O	F	O	N
H	F	L	A	N	U	A	S	K	K	V	H	L	L
E	N	P	K	D	E	G	V	O	U	O	Ö	U	T
R	A	M	K	H	N	K	Ö	F	Z	K	R	S	A
G	H	M	O	S	W	I	T	F	I	G	E	T	K
Ö	T	G	J	W	T	H	B	E	C	T	R	I	K
B	E	Z	A	H	N	B	Ü	R	S	T	E	G	U

 Wer findet drei weitere Nomen (Namenwörter) im Wörtergitter, die mit den Radiopiraten nichts zu tun haben?

Radio-Memory

 Schneidet die Kärtchen aus und ordnet Begriffe und Bedeutungen richtig zu.

 Spielt mit den Kärtchen Memory.

✂

Mischpult	englisches Wort für Geklingel; kurze, einprägsame Erkennungsmelodie, die im Radio oft wiederholt wird	Akustik	Bericht mit vielen Informationen zu einem bestimmten Thema
Logo	Gerät zum Empfang von Hörfunksendungen	Moderator	technische Anlage, die Signale in elektromagnetische Wellen umwandelt
Mikrofon	Beitrag in Radio, Zeitung oder Fernsehen, in dem jemand seine eigene Meinung darstellt	Sender	jemand, der im Hörfunk oder Fernsehen das Gespräch lenkt oder durch die Sendung führt
Reportage	die Lehre vom Schall: wie er sich ausbreitet und in unterschiedlichen Räumen verhält	Jingle (sprich: Dschingel)	Gerät mit Reglern und Schaltern, mit denen Lautstärke, Tonhöhe und Filter geregelt werden können
Radio	Bild oder Schriftzug als Erkennungszeichen für einen Radiosender oder eine Firma	Kommentar	Sensoren, die Schalldruck in elektrische Signale umwandeln

Die kürzeste Geschichte des Buches

 Auf welchen Seiten steht die kürzeste Geschichte des Buches?

 Wie verändert sich deine Einstellung zur Clownsgruppe in der kürzesten Geschichte? Ergänze die Sätze sinngemäß mit eigenen Worten. Schreibe in dein Heft.

Am Anfang bin ich …

Dann …

Am Ende …

 Die Radiopiraten werden am Schluss als Helden gefeiert. In diesem Text sind vier Fehler. Unterstreiche sie.

… immerhin haben sie vier Einbrecher überlistet. Mitten in der Nacht wollten diese Ganoven die Gunst der Stunde nutzen. Sie hatten mitbekommen, dass der Hintereingang während der Zirkuswoche nachts durchgehend offen stand, damit die im Zelt Schlafenden das Lehrerzimmer benutzen konnten. Die offene Tür brachte die Gauner auf die Idee, dass sie im Schutz der Dunkelheit die Wertsachen aus der Schule räumen könnten.

Ohne das beherzte Eingreifen der Radiopiraten hätten die Möchtegerndiebe vermutlich richtig großen Schaden anrichten können. Euer Hausmeister erwähnte am Rande, dass die Krankenkasse vermutlich nichts bezahlt hätte, weil der Hintereingang einer Schule nachts abgeschlossen werden muss – ganz egal, ob im Zelt schlafende Kinder oder Zirkusleute die Toilette benutzen müssen oder nicht. Keine Versicherung ist bereit Schäden zu übernehmen, wenn die Diebe zu ihrer Tat regelrecht eingeladen werden.

 Schreibe auf, wie die richtigen Wörter lauten.

Name:

Clowns verstehen alles falsch!

Eine Clownsnummer ist dann besonders lustig, wenn ein Missverständnis entsteht.

 Schreibe mit eigenen Worten auf, wie Oleg die Direktorin und Beppo falsch versteht. Du kannst dein Buch zu Hilfe nehmen.

Das wird gesagt	So wird es falsch verstanden
Die Direktorin sagt: „Die Vorstellung beginnt."	Oleg versteht: _____
Beppo sagt: „Wir sind doch von der Presse."	Oleg versteht: _____
Die Direktorin fragt: „Soll ich euch ein Interview geben?"	Oleg versteht: _____
Beppo sagt: „Wir wollen die Direktorin aufnehmen!"	Oleg versteht: _____

Presse ist ein Teekesselwort: ein Wort mit zwei Bedeutungen.

 Schreibe jeweils das Teekesselwort auf und male das zweite Bild dazu.

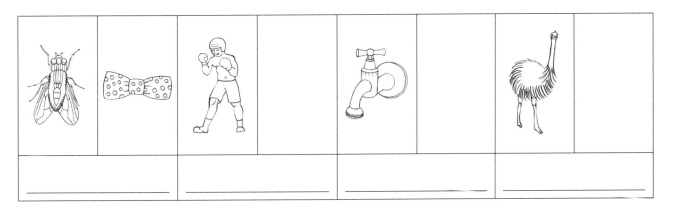

Name:

Kurze Szenen für Clowns

Für eine Clownsnummer muss man nicht immer viel Text lernen. Versucht es doch einmal ohne Worte!

 Lies die folgenden Vorschläge. Kreuze an, welcher dir am besten gefällt und spiele ihn mit einem Partner vor.

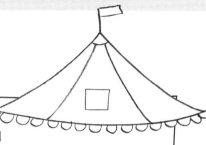

2. Wie angeklebt
Zwei Clowns begegnen sich und bleiben mit einem Körperteil, z.B. mit einer Hand, einem Fuß oder dem Kopf, aneinander hängen. Was könnten sie tun? Wie könnten sie ihre Gefühle darstellen? Und wie endet die Nummer?

1. Das Spiegelbild
Zwei gleich geschminkte und gekleidete Clowns stehen sich gegenüber. Einer stellt den echten Clown dar, der andere sein Spiegelbild. Der echte Clown kämmt sich, kratzt sich am Ohr, rückt sein Kostüm zurecht – und betrachtet sich dabei im Spiegel. Doch plötzlich macht sich sein Spiegelbild selbstständig …

3. Das schwere Gewicht
Ein Clown mit starken Muskeln (dargestellt durch entsprechende Polster im Kostüm) versucht nach allen Regeln der Kunst ein großes Gewicht zu stemmen – allerdings erfolglos. Schließlich gibt er entnervt auf und verlässt die Manege. Eine Putzfrau kommt herein und wischt den Boden. Dabei ist ihr das Gewicht im Weg. Sie nimmt es mit einer Hand und trägt es kopfschüttelnd hinaus – zusätzlich hat sie ihren Putzeimer und einen Wischer in der Hand.

 Was könnten die Clowns tun? Schreibt gemeinsam die Szene weiter.

Zwei Clowns, ein Stuhl

Zwei Clowns kommen in die Manege. Offensichtlich sind sie sehr müde und erschöpft. Sie sind froh, dass dort ein Stuhl steht. Beide wollen sich setzen …

Für schlaue Textdetektive

Jetzt wird es richtig vertrackt!

Welchen Weg ist die Person gegangen,
die diesen Tagebucheintrag geschrieben hat?
Notiere die Seiten.

Seite 3/4   → _____ → _____ →

_____ → _____ → _____

Liebes Tagebuch!

Es war nicht gerade toll für mich, nur einen Platz in der Clownsgruppe zu erhalten. Lieber wäre ich zum Beispiel zu den Akrobaten gegangen. Als Manu anrief, schien sich das Blatt zu meinen Gunsten zu wenden. Interessanter Vorschlag, bei den Radiopiraten mitzumachen! Jeden Sonntagmorgen gehen die auf Sendung … Zuerst habe ich noch gezögert, weil ich mich mit Technik nicht so gut auskenne, doch dann habe ich mich entschlossen, trotzdem mitzumachen. Letztlich war alles viel einfacher, als ich es mir vorgestellt hatte. Bereits nach einer kurzen Einweisung durfte ich zusammen mit Svenny einen der Passarellis interviewen. Schon bald erhielt ich ein eigenes Aufnahmegerät aus dem Koffer und konnte während des Zeltaufbaus allein weitermachen. Leider wollten meine Eltern mich wegen der fiebrigen Erkältung, die ich hatte, nicht im Zelt übernachten lassen. Daraufhin habe ich mich erst mal in meinem Zimmer eingeschlossen. Zunächst habe ich so getan, als würde ich die Entscheidung meiner Eltern akzeptieren. Aber ich hatte andere Pläne: Ich stellte meinen Wecker und packte meinen Rucksack mit allem, was man für eine Übernachtung braucht. Erst befürchtete ich noch, dass sie etwas bemerkt hatten, doch nichts konnte mich aus dem Konzept bringen! Leider kam alles anders: Meine Eltern erwischten mich auf der Treppe und es gab ein Riesendonnerwetter! So sauer habe ich meinen Vater noch nie erlebt. Damit mich die Radiopiraten wegen dieser misslungenen Aktion am nächsten Morgen nicht auslachten, erzählte ich ihnen, dass ich mich nun doch für die Clowns entschieden hätte.

Ein Riesendonnerwetter

Du wirst bei dem Versuch, nachts heimlich das Haus zu verlassen, von deinen Eltern erwischt. Mist! So sauer hast du deinen Vater noch nie erlebt …

 Schreibe in die Sprechblasen, was dein Vater sagen könnte.

Aber …

So viele Gefühle!

 Finde jeweils die drei passenden Adjektive (Wiewörter) in der Girlande und begründe deine Auswahl in kurzen Sätzen.

Am Anfang der Geschichte bist du ...

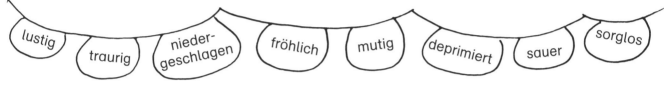

lustig   traurig   nieder-geschlagen   fröhlich   mutig   deprimiert   sauer   sorglos

Begründung: _____

_____

Als Manu dir den Vorschlag macht, bei den Radiopiraten mitzumachen, bist du ...

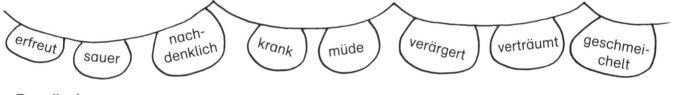

erfreut   sauer   nach-denklich   krank   müde   verärgert   verträumt   geschmei-chelt

Begründung: _____

_____

Offenbar findet Florentine deine Idee, die Szene beim Zeltaufbau aufzunehmen, richtig klasse. Du fühlst dich ...

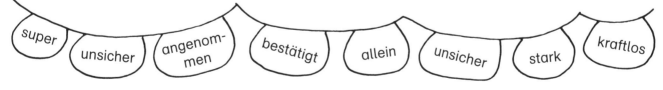

super   unsicher   angenom-men   bestätigt   allein   unsicher   stark   kraftlos

Begründung: _____

_____

 Wie fühlst du dich, als du erfährst, dass viele Kinder im Zelt übernachten dürfen? Schreibe einige Sätze dazu in dein Heft.

Was ist ein Interview?

Die Radiopiraten führen viele Interviews – aber was ist das eigentlich genau?

 Lies die Aussagen und kreuze an.

	stimmt	stimmt nicht
Ein Interview ist meist eine mündliche Befragung.	☐	☐
Normalerweise wird bei einem Interview eine einzelne Person befragt.	☐	☐
Ein Interview gibt der befragten Person die Möglichkeit, sich zu präsentieren, Meinungen zu verbreiten oder Neuigkeiten zu berichten.	☐	☐
Interviews werden ausschließlich im Fernsehen gesendet.	☐	☐
Ein Interview ergibt sich meist spontan.	☐	☐
Der Interviewer muss die Begegnung anhand konkreter Fragen sorgfältig vorbereiten.	☐	☐
Interviews dürfen nicht in Zeitungen abgedruckt werden.	☐	☐
Wer ein Interview durchführt, muss sich während der Befragung Aufzeichnungen machen, zum Beispiel mit einem Aufnahmegerät.	☐	☐
Manche Interviews werden besonders hart geführt, um dem Befragten möglichst viele Informationen zu entlocken.	☐	☐
Viele Interviewpartner werden in Zeitungsdruckereien befragt, da das Antworten ihnen dort leichter fällt.	☐	☐
Manchmal kennen die Befragten vorher die Fragen, die gestellt werden.	☐	☐

 Wer wird auf den Seiten 15/16 interviewt? (Auch ein Tier ist dabei!)

_____

_____

Selbst ein Interview vorbereiten

 Plane ein Interview.
Die Checkliste hilft dir bei der Vorbereitung.

Wen könntest du interviewen?

_____

_____

Checkliste für Interviewer

☐ Informiere dich über deinen Interviewpartner und über das Thema, zu dem die Fragen gestellt werden.

☐ Frage die Person, ob sie interviewt werden möchte. Kläre auch, ob das Interview aufgenommen werden darf oder ob du lieber mitschreiben sollst.

☐ Vereinbare ein Treffen mit Ort, Datum und Zeit.

☐ Bestätige die Absprache mündlich oder schriftlich.

☐ Notiere Fragen und ordne sie nach ihrer Wichtigkeit.

☐ Notiere Zusatzfragen, falls die Fragen nicht ausreichen oder dein Interviewpartner auf mehrere Fragen gleichzeitig antwortet. Es kann auch sein, dass der Interviewte eine Frage nicht beantworten will.

Beachte:

☐ Formuliere die Fragen kurz und genau.

☐ Stelle die Fragen so, dass man nicht einfach mit „ja" oder „nein" antworten kann.

☐ Vermeide zu persönliche Fragen.

☐ Baue die Fragen thematisch aufeinander auf.

 Notiere deine Fragen auf Kärtchen und halte diese beim Interview bereit.

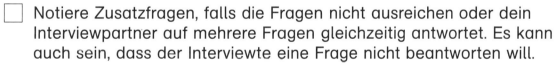

Erzähl mal, was passiert!

Die Erzählkarten geben in Kurzform den Inhalt einzelner Textabschnitte wieder.

 Welche Abschnitte der Geschichte hast du gelesen? Schneide die Karten aus und lege sie so, dass du das Gelesene nacherzählen kannst. Kreuze jeweils die Entscheidung an, die du getroffen hast.

✂

A Seite 3/4
- Zirkusprojekt
- wegen Krankheit nur Platz in der Clownsgruppe
- Enttäuschung
- ☐ Du versuchst zu tauschen.
- ☐ Du willst das Beste daraus machen und gehst in die Clownsgruppe.

B Seite 7–10
- Telefonat mit Manu
- Sollst du bei den Radiopiraten mitmachen?
- Du zögerst wegen mangelnder Technikkenntnisse.
- ☐ Du machst bei den Radiopiraten mit.
- ☐ Du bleibst bei den Clowns.

C Seite 13–22
- Zeltaufbau am Sonntag und erste Aufnahmen
- Ida und Manu übernachten von Sonntag auf Montag im Zelt, dir erlauben die Eltern das nicht.
- ☐ Du wartest ab und hoffst, dass deine Eltern ihre Meinung noch ändern.
- ☐ Du gibst dich fügsam.

D Seite 29–31
- Deine Mutter weckt dich.
- Streitgespräch
- ☐ Du weigerst dich nicht, den Müll nach unten zu bringen.
- ☐ Du weigerst dich, den Müll nach unten zu bringen.

E Seite 69–74
- Gewissensbisse wegen der Mutter
- Gewitter
- Ausrüstung wird gerettet, du bist ein Held.
- Krankheitsrückfall

ENDE

F Seite 152–156
- Vorführung des Sketchs in der Clownsgruppe

ENDE

G Seite 5/6
- Du entwickelst einen Plan, dich davonzuschleichen.
- ☐ Du hast Angst vor der eigenen Courage.
- ☐ Du lässt dich durch nichts abschrecken.

H Seite 42/43
- Du stürzt auf der Treppe und verletzt dich.
- ☐ Du verpasst den Großteil der Ereignisse und machst am Ende bei den Clowns mit.

J Seite 48–50
- Beim Versuch nachts abzuhauen wirst du erwischt.
- Hausarrest
- ☐ Du erzählst den Radiopiraten, was passiert ist.
- ☐ Dir ist dein gescheiterter Ausbruchsversuch peinlich und du gehst zu den Clowns.

K Seite 23–28
- Du interviewst die Clowns und verbringst einen Vormittag bei ihnen.
- ☐ Du bleibst bei den Clowns.
- ☐ Du bleibst den Radiopiraten treu.

Wenn du nicht gewesen wärst!

Du hast dich ganz schön verausgabt, als du die Ausrüstungsgegenstände der Zirkusleute und der Radiopiraten bei dem großen Unwetter ins Trockene geschafft hast. Und jetzt liegst du krank im Bett und hörst, wie die Radiopiraten von deinem heldenhaften Einsatz erzählen.

 Schreibe in dein Heft, was Manu im Radio über die Ereignisse erzählt und wie er sich bei dir bedankt. Die Textbausteine helfen dir. Trage den Text anschließend vor.

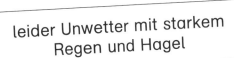

Zirkusprojekt der Grundschule

eine Woche lang Zauberei, Clownerie, Akrobatik und mehr

viel Begeisterung bei Kindern und Zirkusleuten

leider Unwetter mit starkem Regen und Hagel

Ausrüstung des Zirkus und der Radiopiraten, Schlafsäcke und vieles mehr in Gefahr

viele Sachen gerade noch ins Trockene geschafft

toller Einsatz von _____ (setze deinen Namen ein)

jetzt leider mit einer Grippe im Bett

Dank und viele Grüße im Namen aller Beteiligten

So kann dein Text beginnen:

Hallo, liebe Zuhörerinnen und Zuhörer, hier meldet sich Manu von den Radiopiraten.

Ein Ereignis kann von verschiedenen Personen unterschiedlich wahrgenommen werden. Die Sicht, aus der ein Text geschrieben ist, nennt man **Erzählperspektive**.

 Versuche, die Erzählperspektive zu wechseln und die Projektwoche aus Sicht deiner Eltern zu erzählen. Wie fühlen sie sich?

Wenn du bloß nicht …

Lies die Seiten 42/43 im Buch.

 Male dich selbst in die Leerstellen der Bilder und ergänze auch Details. Wie geht die Geschichte weiter? Zeichne das letzte Bild. Schreibe in der Ich-Form mit eigenen Worten in dein Heft, was passiert.

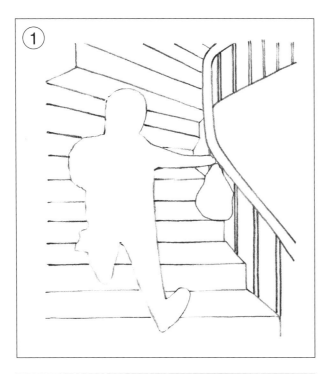

lesen **schreiben** malen rätseln spielen vorspielen erzählen

Ein Sturz – und ein glückliches Ende

 Hier sind die Satzhälften durcheinandergeraten! Verbinde die Puzzleteile richtig. Ein Satz kommt im Buch nicht vor. Streiche ihn durch. Schreibe die vollständigen Sätze anschließend in dein Heft.

Der Sturz auf der Treppe bereitet dir	viel Spaß.
Deine Mutter muss	bei den Clowns mitmachen.
Der Arzt verordnet dir	den Clown Beppo.
Dein Knöchel	rast am Ende und trampelt mit den Füßen.
Die Zirkusreiterin findet es toll,	die Zirkusdirektorin zu spielen.
Du willst nun doch	große Schmerzen.
Die Arbeit in der Clownsgruppe bereitet dir	viel Ruhe.
Du selbst spielst	wie tapfer du bist.
Florentine von den Radiopiraten hast du gebeten,	den Müll einsammeln.
Das Publikum	ist angeschwollen.

Achtung, Einbrecher!

Auf den Seiten 152–156 wird vom Einbruch in die Schule berichtet.

Lies die Stelle genau und schreibe
in Stichworten auf, was du dort erfährst.

Mitten in der Nacht _____

_____

_____

Findest du andere Textstellen, die von dem geplanten Einbruch
berichten? Schreibe die Seiten auf und vergleiche mit deinem Partner.

_____

Auf welchen der genannten Seiten erfährst du, mit welchen Tricks die
Radiopiraten die Einbrecher überlisten wollen? Kreuze an.

☐ Seite 32/33 ☐ Seite 75–84 ☐ Seite 91–93

☐ Seite 48–50 ☐ Seite 99–106 ☐ Seite 152–156

Was haben die Radiopiraten als böse Überraschung für die Einbrecher
vorbereitet? Schreibe stichwortartig auf.

_____

_____

Womit hätte man die Einbrecher noch überraschen können?
Schreibe Stichworte auf.

_____

Was vor dem Einbruch war

Die Seiten 94–98 hast du gelesen. Aber was ist vorher eigentlich passiert?

 Verfolge den Erzählstrang zurück und nummeriere die Textteile in der richtigen Reihenfolge.

	Du sprichst mit Enrico, erzählst ihm von den merkwürdigen Tonaufnahmen, in denen zu hören ist, dass jemand etwas klauen will.
1	Die Radiopiraten werden in Interviewgruppen aufgeteilt und du gehst zu den Clowns, um sie zu ihrer Arbeit zu befragen.
	Du spielst den Radiopiraten die Aufnahme mit den Stimmen zweier unbekannter Männer vor, die sich über einen geplanten Einbruch unterhalten.
	Du hältst den Radiopiraten die Treue, obwohl du nicht mehr glaubst, dass der Clownskurs albern und langweilig ist.
	Du hast Hausarrest. Zu Hause telefonierst du zunächst mit Ida, holst dann das Aufnahmegerät aus dem Rucksack und hörst dir Szene für Szene an.
	Du bist mit dem Aufnahmegerät unterwegs und sammelst Eindrücke von ganz verschiedenen Projekten.
	Du schläfst mit den Kopfhörern auf den Ohren ein und weißt gar nicht mehr, ob du die geheimnisvollen Flüsterstimmen wirklich gehört oder nur geträumt hast.
	Dann hast du erstmal genug.
	Du beschließt, Enrico um Rat zu fragen.

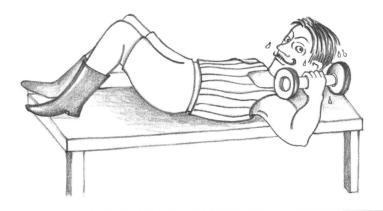

Einbruchsgeflüster

Auf den Seiten 63/64 kannst du das aufgenommene Gespräch der
Einbrecher lesen.

> Ergänze zuerst die fehlenden Wörter und Textzeilen, danach die
> Anführungszeichen der wörtlichen Rede.

Pass auf, hier sind überall Seile!   , zischt jemand.
Du weckst alle.
Ist ja gut, Mann   , flüstert eine zweite Person.
Glaubst du wirklich, dass die ihre Hintertür die
ganze Woche auflassen?
Nicht, wenn du alle aus dem Schlaf haust   , ist in scharfem
Ton wieder die Stimme des ersten Mannes zu vernehmen.
Du bist wohl noch nie gestolpert, was?   , mault der zweite.
Pass einfach auf, wo du hintrittst, Mann. Also, wir _____

_____

Tolle Idee   , höhnt der zweite.   Was ist bitte mit der Firmenaufschrift?
Ist doch Nacht, Mann. Das Auto ist schwarz.
Die Aufschrift ist weiß.

_____

_____

Hm. Wenn wir mit dem Auto ranfahren, werden die doch alle wach.
Unsinn. Wir rollen rückwärts den Berg runter. Gleich da drüben, auf dem
Radweg. Ohne Motor. Echt easy.
Weiß nicht.
Weiß nicht, weiß nicht. Das ist voll die geile Idee, Mann. Wir _____

_____

Geht aber _____. Vorher krieg ich die Kiste
nicht.
Ist doch gut, Mann. In der Ruhe liegt die Kraft. Wir _____

_____

Tonstörung!

Auf den Seiten 63/64 kannst du das Gespräch der Einbrecher lesen. Leider sind am Schluss nur noch einzelne Wörter verständlich.

 Schreibe mithilfe der folgenden Wörter als Gespräch auf, was die Ganoven gesagt haben könnten.

transportieren

Sackkarre

Schweißgerät

Sanitärbetrieb

praktisch

Bolzenschneider

Zaun auf-schneiden

Leute, die mitmachen

_____

_____

_____

_____

_____

 Was könnten die Einbrecher in der Schule stehlen? Kreise die passenden Gegenstände ein.

Tafelkreide Computer Beamer Fernsehgeräte

Gießkannen Telefone Wasserfarben Aufnahme-geräte

DVD-Player Mülleimer

Blumentöpfe

Videokamera Instrumente aus dem Musiksaal Tafelschwämme

 Was könnte noch gestohlen werden? Ergänze.

_____

_____

Ein eigenes Drehbuch schreiben

 Schreibe ein Drehbuch zum Ganovengeflüster von den Seiten 63/64 auf großen Blättern so auf, dass du es später für eine eigene Tonaufnahme nutzen kannst.

Tipps zum Schreiben
- Fang bei jedem Sprecherwechsel eine neue Zeile an.
- Schreibe auch Anweisungen dazu, wie etwas gesagt wird.
- Kennzeichne jeden Sprecher mit einer Farbe.
- Verwende keine Anführungszeichen der wörtlichen Rede.

Beispiel
1. Ganove (zischend): Pass auf, hier sind überall Seile. Du weckst alle.
2. Ganove (flüsternd): Ist ja gut, Mann. Glaubst du wirklich, dass die ihre Hintertür die ganze Woche auflassen?
1. Ganove (ärgerlich): Nicht, wenn du alle aus dem Schlaf haust!
2. Ganove: …

 Nehmt das Gespräch mit einem Aufnahmegerät oder Computer auf.

Tipps für die Aufnahme
- Suche dir einen Partner für das Ganovengeflüster. Zwei weitere Kinder machen die Geräusche.
- Achtet darauf, wie etwas gesprochen wird.
- Sprecht nicht zu schnell.
- Verfremdet eure Stimmen, indem ihr euch ein Tuch oder ein Blatt Papier vor den Mund haltet.
- Um Tonstörungen anzudeuten, könnt ihr Papier zerknüllen oder Reibegeräusche mit einer Bürste erzeugen.
- Probiert aus, mit welchen Alltagsgegenständen man noch gut Geräusche machen kann.
- Probt das Sprechen und Geräuschemachen mehrfach, bevor ihr mit der Aufnahme beginnt.

Name:

lesen schreiben malen rätseln **spielen** vorspielen erzählen

Geräuscheraten im Klassenzimmer

Mit geschlossenen Augen kannst du Geräusche besonders intensiv wahrnehmen.

 Schneidet die Kärtchen aus und spielt Geräuscheraten.

Tipp: Auf den leeren Kärtchen könnt ihr eigene Geräuschideen notieren.

✂

mit den Füßen auf den Boden stampfen	ein Stück Kreide fallen lassen	die Schnalle einer Schultasche zuschnappen lassen	eine Butterbrotdose auf- und zuklappen
ein Papier zerknüllen	ein Papier zerreißen	einen Vorhang oder eine Gardine hin- und herziehen	mit den Fingern auf den Tisch trommeln
einen Stecker aus der Steckdose ziehen	den Wasserhahn laufen lassen	einen Schrank auf- oder zumachen	ein Buch laut zuklappen
einen Stuhl rücken	an ein Fenster klopfen	mit einem Schwamm die Tafel wischen	an die Tafel schreiben
einen Stift auf den Tisch fallen lassen	in die Hände klatschen	ein Heft auf den Boden fallen lassen	eine Schere auf einem Tisch hin- und herbewegen
eine Tür auf- und zumachen	einen Reißverschluss auf- und zumachen	zwei Gläser oder Flaschen aneinanderschlagen	einen Radiergummi auf den Tisch fallen lassen

Flüstern, raunen, schimpfen

In deinem Buch findest du sehr viele Verben (Tunwörter) aus dem Wortfeld „sprechen".

 Suche möglichst viele dieser Verben und ordne sie in die folgende Tabelle ein.

 Ergänze die Spalten mit weiteren passenden Verben.

leise sprechen	normal sprechen	laut sprechen

 Schreibe fünf Sätze über die Radiopiraten. Verwende dabei unterschiedliche Verben aus dem Wortfeld „sprechen".

Manu <u>fragt</u>, ob ich bei den Radiopiraten mitmachen will.

- _____

- _____

- _____

- _____

- _____

Meine Verzweigungsgeschichte

Dein Buch besteht aus vielen verschiedenen Geschichten.

Schreibe die folgende Verzweigungsgeschichte mit dir und den Radio-piraten weiter. Notiere zunächst stichpunktartig deine Ideen.

Du begleitest den Zirkus Passarelli mit den Radiopiraten auf einer Tournee. Ihr trefft euch am Montagmorgen um acht Uhr auf dem Schulhof. Plötzlich stellst du erschrocken fest, dass du deine Reisetasche vergessen hast. Deine Mitstreiter sind nicht sehr begeistert von deiner Vergesslichkeit. Was nun?

1. Möglichkeit:
Du läufst wieder nach Hause, um deine Tasche zu holen.

2. Möglichkeit:
Du fährst mit und verlässt dich darauf, dass du dir alles leihen kannst, was du für die Reise brauchst.

Was geschieht?
_____
_____

Was nun?

1. Möglichkeit: 2. Möglichkeit:
_____   _____
_____   _____

Was geschieht?
_____
_____

Was nun?

1. Möglichkeit: 2. Möglichkeit:
_____   _____
_____   _____

Was geschieht?
_____
_____
ENDE

Was geschieht?
_____
_____
ENDE

Was geschieht?
_____
_____
ENDE

Was geschieht?
_____
_____
ENDE

Tipps für gute Texte

Tipps zur Vorbereitung

- Notiere deine Ideen für die Geschichte in Stichpunkten.
- Achte darauf, dass alle wichtigen Informationen für den Leser enthalten sind.
- Prüfe, ob die Übergänge logisch sind.

Tipps zum Schreiben

- Schreibe in der Ich-Form.
- Schreibe in der Gegenwartsform.
- Verwende wörtliche Rede.
- Verwende anschauliche Verben (Tunwörter) und Adjektive (Wiewörter).
- Achte auf unterschiedliche Satzanfänge.
- Verwende verschiedene Verben aus dem Wortfeld „sprechen".
- Schreibe so, dass andere verstehen, was du meinst.
- Lies dir alles noch einmal in Ruhe durch.

Tipps zum Beurteilen

- Wird die Erzählperspektive eingehalten?
- Wird die Zeitstufe eingehalten?
- Gibt es wörtliche Rede?
- Sind anschauliche Verben und Adjektive verwendet worden?
- Gibt es unterschiedliche Satzanfänge?
- Werden verschiedene Verben aus dem Wortfeld „sprechen" verwendet?
- Ist alles verständlich?
- Ist alles ausführlich genug?
- Ist es spannend?
- Stimmen die Anschlüsse zu den Texten vorher und nachher?

Das Radiopiraten-Quiz (1)

Dieses knifflige Quiz ist nur etwas für gute Buchdetektive. Aufgepasst, es geht los!

1. An welchem Wochentag ruft Manu dich an, um dich für die Radiopiraten zu gewinnen?

_____

2. Was bedeutet die Abkürzung HMR?

_____

3. Der Zirkusmann Enrico ist ein richtiger Muskelprotz. Svenny meint, seine Muskeln seien hart wie …

_____.

4. Unter der Überschrift „Der Fakir" hast du ein Gedicht für die Radiopiraten geschrieben. Auf welchen Buchseiten ist es abgedruckt?

[   ]

5. Auf dem Tonband sind geheimnisvolle Flüsterstimmen zu hören. Manu hat einen Verdacht. Wer ist seiner Meinung nach zu hören?

_____

6. Wie heißt der Lehrer, der in der Dunkelheit in die Stolperfalle tappt, die du mit den Radiopiraten vorbereitet hast?

_____

7. Du begegnest in der Nacht einem schwarz gekleideten Fremden und schließt dich vor Schreck ein. Wo?

_____

_____

Das Radiopiraten-Quiz (2)

8. Ihr habt eine Durchsage aufgenommen, um die Ganoven zu verscheuchen.
Wie lautet sie?

_____

_____

_____

9. Swantje spielt im Zirkus eine Magierin,
Alexander den Assistenten. Was soll mit
Alexander passieren?

_____

_____

_____

10. Du hast deinen ersten Beitrag für das Radio aufgenommen und willst ihn vorab
deinen Eltern vorspielen. Was passiert?

_____

_____

11. Was ist als Einziges von den Aufnahmen der Radiopiraten übrig?

_____

12. Auf welchen Seiten im Buch wird erzählt, dass die Kinder als Akrobaten daran
arbeiten, eine Pyramide zu bauen?

▢

13. Wer hat sich zuerst auf die Rolle der Zirkusdirektorin vorbereitet?

_____

14. Wie heißen die letzten vier Nomen (Namenwörter) im Buch?

_____